小红书运营从入门到精通

象哥 著

☆ 教你
从零基础到百万粉丝的玩赚策略

☆ 全新揭秘
别人不愿说的实战干货

☆ 全面拆解
爆款笔记的底层逻辑

北京大学出版社
PEKING UNIVERSITY PRESS

内 容 提 要

小红书是当下较为火爆的流量平台之一，也是当下内容营销的"圣地"，中国所有的消费品领域基本上都与小红书有着密切的关系，从美妆到家居，从宠物到美食，从电子产品到体育用品……凡是需要做商业化推广的东西，小红书永远都是绕不开的话题，而小红书的商业化也吸引了很多小红书用户入驻。本书则从小红书运营者以及小红书创作者两个主体，为品牌方如何做小红书内容营销以及创作者如何通过玩小红书实现变现指明了方向，内容通俗易懂，能够让人快速上手，同时也揭秘了小红书平台一些不为人知的规则。

图书在版编目(CIP)数据

小红书运营从入门到精通 / 象哥著 . — 北京：北京大学出版社，2022.6
ISBN 978-7-301-33052-4

Ⅰ. ①小… Ⅱ. ①象… Ⅲ. ①网络营销 Ⅳ. ① F713.365.2

中国版本图书馆 CIP 数据核字 (2022) 第 091794 号

书　　　名	小红书运营从入门到精通
	XIAOHONGSHU YUNYING CONG RUMEN DAO JINGTONG
著作责任者	象哥　著
责 任 编 辑	王继伟　刘倩
标 准 书 号	ISBN 978-7-301-33052-4
出 版 发 行	北京大学出版社
地　　　址	北京市海淀区成府路205 号　100871
网　　　址	http://www.pup.cn　新浪微博：@北京大学出版社
电 子 邮 箱	编辑部 pup7@pup.cn　总编室 zpup@pup.cn
电　　　话	邮购部 010-62752015　发行部 010-62750672　编辑部 010-62570390
印　刷　者	三河市博文印刷有限公司
经　销　者	新华书店
	787毫米×1092毫米　32开本　7.125印张　191千字
	2022年6月第1版　2024年4月第2次印刷
印　　　数	4001-6000册
定　　　价	49.00 元

未经许可，不得以任何方式复制或抄袭本书之部分或全部内容。
版权所有，侵权必究
举报电话：010-62752024　电子邮箱：fd@pup.cn
图书如有印装质量问题，请与出版部联系，电话：010-62756370

我最早接触小红书是在2015年,算是比较早期的用户。因为一直在南方工作,有一次一个上海的朋友让我去香港帮他买东西,当时给我发了一张小红书的截图。那是我第一次接触小红书,也算是打开了新媒体世界的一扇大门。因为我一直做的是品牌营销的工作,加上自己也玩小红书,还创作过多条阅读量过万的笔记,并持续涨粉,于是开始研究小红书的营销玩法,并帮助品牌方做这方面的营销规划,所以这本书里有很多个人的体会。

由于近几年传统的营销手段日渐式微,内容营销的重要性已被大家熟知,一些新锐品牌借小红书平台内容营销的红利迅速崛起。这也让其他品牌的管理者或新媒体工作者认识到了小红书平台的重要性,随之而来的便是各种问题,比如一些老板对于小红书的理解比较粗浅,经常会与运营者产生一些理念上的冲突,一些小红书的运营者因为没有深入学习,也经常踩坑。

那么如何很好地理解小红书,理解平台的规则和玩法,就十分关键。不管是自己运营企业的官方账号,还是通过平台与达人合作,这本书都有翔实的介绍。平时大家在网上看到的一些关于小红书的文章,要么内容比较松散,要么表述一知半解,还有一些就是挂羊头卖狗肉,并没有真正把技巧说出来，让很多人看完一头雾水。所以在这里就想把我过去积累的经验以及和同行、品牌方、小红书工作人员的交流所得写出来，让大家少踩坑。

2022年年初，小红书封禁了几十个国内外知名品牌。这是小红书在向违规营销宣战，也从侧面说明小红书在商业化道路上遇到的一些问题。其实说到底，这些品牌方也在权衡投入产出比。而作为中小品牌，尤其是初创品牌，如何找到适合自己的战术和方法，在本书中也有提及。

未来，品牌不再是高举高打的粗放式广告打法，精准的内容营销是未来所有品牌都必须拥抱的，也是未来决定品牌与消费者沟通的最佳方式。毕竟消费者对于广告的辨别能力还是很强的，只有真实的内容分享才能打动人心。

此外，这本书也是给很多小红书创作者看的。我见过很多素人和小博主，他们希望自己的账号火起来，但没有正确的方法，从定位开始就是错的，有人更是频频陷入违规的陷阱。在任何一个平台上，顺势而为永远比自以为是要重要得多，官方每出一个活动都是会给流量的，我们只要顺着官方的玩法去创作，就可以得到不错的效果。通过此书，创作者可以了解小红书的推荐机制和流量逻辑，以及如何从标题到图文视频来全方位打造小红书笔记。

所以，不管你是小红书运营人员，还是小红书创作者，或者是有意向进入新媒体领域的工作者，这本书都可以让你在短时间内了解小红书及其玩法。事半功倍，尽在于此。

本书特色

- **揭秘披露**：很多关于小红书的内容，并没有揭秘小红书不为人知的内容。本书将揭秘小红书平台一些不为人知的规则，可以让小红书运营者在操作时少走弯路。
- **信息详细**：本书内容详细全面，从小红书的流量逻辑、禁用词、如何与达人合作、如何打造爆款笔记、图文和视频制作，到如何避坑，均作了全景式解读。
- **结合案例**：本书将日常大家在小红书操作中遇到的问题及困扰罗列出来，并结合实际操作案例一一解析，可读性极强。
- **实战性强**：本书从账号的选择、内容的优化、选号及流量的提升等方面进行讲解，把大量的实战内容引入其中，使读者看完即可上手操作。
- **通俗易懂**：本书引用了大量的相关案例，让零基础读者也能快速入门。
- **经验总结**：本书是一本经验总结，其中有品牌方的经验、同行的经验、MCN机构的经验，笔者将自己多年的工作经验与多方经验相融合，让小红书运营者能够知道如何选号并且避免水号，让小红书创作者能够知道如何提升笔记质量，打造优质账号。

读者在阅读本书的过程中遇到问题可以通过邮件与笔者联系，笔者常用的电子邮箱是 mrs3434@qq.com。

本书读者对象

- 新媒体从业人员；
- 企业负责运营小红书的人群；
- 企业老板及市场部管理人员；
- 有志于转型从事新媒体运营的学生；
- 想提升自己，转为运营类的人员；
- 电商运营人员；
- 小红书达人；
- 想成为小红书达人的人员。

目录

CONTENTS

第 1 章 得女性者得天下的小红书 001

1.1 小红书的过去和现在 001
1.2 小红书不红了吗 005
1.3 小红书的本质是什么 008
1.4 得女性者得天下的小红书 010
1.5 为什么很多品牌选择在小红书上推广 010
1.6 小红书能给品牌带来什么 012
1.7 这些年从小红书上崛起的新锐品牌 013
1.8 从无名到知名,小红书对品牌意义非凡 014
1.9 为什么一些很牛的企业内容营销却做得一塌糊涂 016
    1.9.1 组织架构 017
    1.9.2 老板的参与 017
    1.9.3 对于内容营销的理解 018

第 2 章 小红书,不只是"她"经济 020

2.1 小红书的类目扩张 020
2.2 进口品牌的前沿阵地 021

2.3 新锐国潮品牌的孵化基地 023
2.4 高品质产品的分享平台 024
2.5 品牌在小红书的起盘路线图 026
  2.5.1 优质专业的内容 026
  2.5.2 达人的配合 026
  2.5.3 信息流与直播的配合 026
  2.5.4 收割平台的搭建 027

第3章 小红书用户画像与基本词义 028

3.1 小红书用户与创作者画像 028
3.2 小红书的转化率如何 030
3.3 要宣传还是要销量 032
3.4 KOC 与 KOL 有何区别 033
3.5 什么是赞藏评 034
3.6 什么是收录 034
3.7 什么是限流 035
  3.7.1 阅读量骤降 036
  3.7.2 笔记找不到收录 036
  3.7.3 看不到自己给别人的点赞和评论 036
3.8 小红书的流量逻辑 037

第4章 企业运营者怎样玩转小红书 038

4.1 企业为什么要做小红书 038
4.2 小红书运营面临的难题 040
  4.2.1 老板的思维 040
  4.2.2 资金的投入 041
  4.2.3 种草的笔记没流量或是不被收录 041
4.3 什么样的内容受欢迎 042

- 4.3.1 产品合集类 042
- 4.3.2 干货测评类 042
- 4.3.3 好物推荐类 043
- 4.3.4 教程类 044

4.4 企业号要发布什么样的内容 045
- 4.4.1 知识分享 045
- 4.4.2 产品宣发 046
- 4.4.3 抽奖互动 047
- 4.4.4 达人背书 047
- 4.4.5 其他 048

4.5 什么样的产品适合做小红书种草 048
- 4.5.1 你的产品一定要有价值感 049
- 4.5.2 你的产品要符合女性的受众群体 049

4.6 品牌方应该怎样做小红书种草 052
- 4.6.1 做好你的企业号 053
- 4.6.2 选好你的产品 053
- 4.6.3 素人和达人组合推广 054
- 4.6.4 注意带上标记 054
- 4.6.5 做好你的笔记种草 056
- 4.6.6 视频优于图文 057

4.7 你的品牌需要从 0 到 1 057
- 4.7.1 品牌符号的建立 058
- 4.7.2 账号矩阵的打造 058
- 4.7.3 与素人及达人合作 059

4.8 0 粉小红书账号能不能去做推广运营 059

4.9 从同事吐槽联想到品牌怎样做小红书运营 062
- 4.9.1 账号的问题 063
- 4.9.2 图片的问题 063
- 4.9.3 出爆款的问题 063

4.10 企业小红书运营团队配置 066

4.11 为什么品牌从直播带货回流到做内容营销 067

第5章 企业怎样选择合作账号 069

5.1 企业自己找账号合作靠谱吗 069

5.2 什么是无效种草 071

    5.2.1 机器号 072

    5.2.2 违规笔记 073

    5.2.3 没有品牌名的种草 074

5.3 去哪里找网红合作 075

5.4 怎样判断达人账号的优劣 076

    5.4.1 看账号等级 076

    5.4.2 看他的笔记 078

5.5 素人应该怎么合作及其优势 081

    5.5.1 费用比较低 081

    5.5.2 可以起量 082

5.6 腰部达人应该怎么合作 083

5.7 头部达人应该怎么合作 085

5.8 明星种草怎么选 086

5.9 小红书推广阶段流程 087

    5.9.1 笔记种草 087

    5.9.2 口碑引爆 088

    5.9.3 引流转化 088

    5.9.4 口碑持续 089

5.10 免费置换与有偿付费选哪个 090

5.11 种草需要海量图片怎么办 090

    5.11.1 通过淘宝解决 091

    5.11.2 公司内部解决 091

5.12 100个素人与1个万粉达人，谁的阅读量高 092

5.13 除了种草，品牌方在小红书上还能做哪些推广 093

    5.13.1 信息流 093

    5.13.2 开直播 093

    5.13.3 投薯条 093

目录

- 5.14 内容种草，直播拔草 ... 094
  - 5.14.1 预热期 ... 095
  - 5.14.2 引爆期 ... 095
- 5.15 薯条怎么投放 ... 096
  - 5.15.1 看笔记有没有违禁词 ... 097
  - 5.15.2 笔记测试 ... 097
  - 5.15.3 投放时间的选择 ... 097
  - 5.15.4 直播间投放 ... 097
- 5.16 复盘与总结 ... 098
  - 5.16.1 笔记的收录量 ... 098
  - 5.16.2 赞藏评的质量 ... 098
  - 5.16.3 小红书笔记的排名 ... 099
  - 5.16.4 薯条的投放效果 ... 099
  - 5.16.5 树立笔记标杆 ... 100

第6章 小红书种草策略方法论 ... 101

- 6.1 小红书种草策略必看 ... 101
  - 6.1.1 内容的真实可读性 ... 101
  - 6.1.2 合理的账号比例分配 ... 102
  - 6.1.3 注意追踪热点 ... 104
  - 6.1.4 占据关键词 ... 105
  - 6.1.5 PK 竞争对手 ... 107
- 6.2 不同阶段的种草策略战法 ... 109
  - 6.2.1 第一阶段：以宣传品牌为主 ... 110
  - 6.2.2 第二阶段：以产品的功效介绍为主 ... 110
- 6.3 平台的审核规则 ... 114
  - 6.3.1 不准带店铺名称 ... 114
  - 6.3.2 切忌夸大宣传 ... 115
  - 6.3.3 违反《中华人民共和国广告法》的宣传 ... 115
  - 6.3.4 禁止抄袭，以及粗制滥造文章 ... 115
  - 6.3.5 禁止含有过度促销信息 ... 116
  - 6.3.6 禁止含有第三方平台的信息 ... 116
- 6.4 什么样的笔记会上热门 ... 117

    6.4.1 优质的笔记 117
    6.4.2 账号垂直度高、权重高的笔记 117
    6.4.3 能够解决用户痛点的笔记 118
    6.4.4 故事性场景的笔记 118
    6.4.5 标题要生动，能够引起共鸣 119
  6.5 图文笔记好，还是视频笔记好 121
    6.5.1 图文笔记 122
    6.5.2 视频笔记 122
  6.6 如何让视频获得更多曝光 123
    6.6.1 合适的时长 123
    6.6.2 吸引人的封面 124
    6.6.3 匹配关键词 124
    6.6.4 带上话题标签 125

第7章 小红书的优化与关键词 126

  7.1 快！占据你的关键词 126
    7.1.1 查询关键词热度 126
    7.1.2 布局特色关键词 127
  7.2 小红书的转化如何 128
  7.3 小红书的品牌运营六招 129
    7.3.1 开通小红书企业号以及素人账号矩阵 129
    7.3.2 优质笔记的打造 130
    7.3.3 加大优质笔记的曝光量 131
    7.3.4 信息流投放 131
    7.3.5 关键词的匹配 132
    7.3.6 定期规划活动 132
  7.4 小红书信息流怎么投 133
    7.4.1 彰显首图 134
    7.4.2 内容要软性 135
    7.4.3 达人的选择 135
  7.5 对标大牌和竞争对手 135

第8章 小红书的违规禁地 138

- 8.1 别和平台玩猫腻 138
- 8.2 怎样的内容是小红书不倡导的 140
  - 8.2.1 虚假信息 140
  - 8.2.2 违反国家法律的内容 140
  - 8.2.3 带有人身攻击和贬低其他品牌的内容 141
  - 8.2.4 低俗炫富的内容 141
- 8.3 哪些社区发文红线不能触碰 141
- 8.4 注意敏感词 143
- 8.5 小红书花式违规一览 145
- 8.6 小红书审核逻辑科普 150
  - 8.6.1 针对交易及引流行为的规范 150
  - 8.6.2 针对不当行为的相关规范 150
  - 8.6.3 要避免侵权行为 150

第9章 小红书账号及笔记打造 152

- 9.1 如何注册账号和养号 152
- 9.2 怎么选创作领域和题材 154
- 9.3 怎么写爆款笔记 155
  - 9.3.1 选题精准 157
  - 9.3.2 首图制作 158
  - 9.3.3 取好标题 162
  - 9.3.4 内文要处理好 165
  - 9.3.5 话题的选择 165
  - 9.3.6 互动非常重要 166
- 9.4 为什么你的笔记没流量 167

第10章 实战之——图片制作篇 ... 169

10.1 颜值即流量——小红书图片拍摄技法 ... 169
10.1.1 关于小红书拍照及图片处理软件 ... 169
10.1.2 关于图片拍摄 ... 170
10.1.3 产品体验也是重要的一环 ... 171
10.1.4 留白很重要 ... 172
10.1.5 适当使用道具 ... 172
10.1.6 撞色也很有趣 ... 173
10.1.7 混搭颜色也很出彩 ... 173
10.1.8 关于人物拍摄的小技巧 ... 173

10.2 图片为什么要加花字 ... 175

第11章 实战之——视频制作攻略 ... 177

11.1 视频制作工具 ... 177
11.2 怎样构思视频内容 ... 178
11.3 脚本前的准备 ... 181
11.3.1 搭建框架 ... 182
11.3.2 构建场景 ... 183
11.3.3 运用镜头语言 ... 184
11.3.4 道具 ... 185

11.4 怎样撰写视频脚本 ... 186
11.5 视频封面制作及创作要点 ... 188
11.5.1 使用封面模板 ... 188
11.5.2 截取视频精彩画面 ... 189
11.5.3 自制封面 ... 190

11.6 视频配文要点解析 ... 192
11.6.1 内容 ... 192
11.6.2 话题 ... 192

目录

第12章 创作者必知的小红书创作细则 ... 193

- 12.1 社区发文基本规范 ... 193
- 12.2 交易及引流行为 ... 194
- 12.3 其他不当行为 ... 194
- 12.4 创作者必须关注的7个小红书账号 ... 195
- 12.5 小红书怎样引流和留联系方式 ... 197
- 12.6 小红书如何变现及报价 ... 199
  - 12.6.1 关于小红书变现 ... 199
  - 12.6.2 关于小红书如何报价 ... 200
- 12.7 怎样和粉丝互动 ... 200
  - 12.7.1 多互动 ... 201
  - 12.7.2 增加互动式语言 ... 201
  - 12.7.3 加入抽奖福利 ... 202

第13章 小红书品牌案例拆解 ... 203

- 13.1 小红书案例剖析 ... 203
  - 13.1.1 案例1：丽普×× ... 203
  - 13.1.2 案例2：进口护肤品牌RNX ... 205
- 13.2 小红书投放避坑实操指南 ... 207
  - 13.2.1 优先选择支持好物推荐的博主 ... 208
  - 13.2.2 一定要看数据 ... 209

第 1 章
得女性者得天下的小红书

在当下中国的互联网生态中,小红书绝对是一个绕不开的话题,毕竟没有哪个平台能够像小红书这样聚集了如此多高消费能力的女性群体,也没有哪个平台能够像小红书这样让一个新品牌从默默无闻到家喻户晓。小红书不仅对于消费者有很大的魅力,对于品牌方也有着很大的魅力。

1.1 小红书的过去和现在

很多做营销的人都非常喜欢看一些企业的发展史,也经常会研究企业在某一个阶段的发展情况,以便能够从中窥探一二,摸清它们的来龙去脉,进而更好地为客户服务。

所以我经常跟同事说这是一种病,一种通病,做营销的人一定要有一种心境——大可纵览全局,小可微观世界。

其实对于小红书的发展,很多人多多少少都知道一些,但是对于它完整的发展史,有些人可能并不是特别清楚,笔者在此跟大家说一说小红书的大体情况。

官方的资料显示,小红书是 2013 年 6 月在上海成立的,它的创始人是毛文超和瞿芳,据说他们二人是在美国扫货时结识的,毛文超毕业于美国斯坦福大学，他对于新兴事物的接受能力很强，而瞿芳如果按照正常的人生规划应该在一家公司做着高管拿着不菲的薪水，因为她原先就职于贝塔斯曼，这是一家世界五百强企业。

那么是什么让他们放弃了"金饭碗"，而转做小红书的呢？

无非就是梦想与敏锐的商业嗅觉。

我同事的回答倒是很直接——就是不想打工，想创业当老板！

把时光拉回到2013年，当时出国旅游购物是很多人的追求，很多人出个国会很兴奋，因为可以在微博、微信上狂晒，别人给点个赞，那就是对他们虚荣心莫大的满足。但那时国内并没有针对海外购物的内容分享平台，毛文超的海外求学经历和瞿芳的跨国公司工作经历，让他们萌生了打造一个专业化的海外内容分享平台的念头。

他们最先做的事，就是发布了一个PDF文档——《小红书出境购物攻略》，并把这个颇像一本购物界的米其林指南的文档放在小红书的网站上，供对海外购物感兴趣的人下载。

当时谁都没想到，在不到一个月的时间里，这个PDF文档就被下载了50万次。此次成功，让二人看到了小红书未来的发展方向，也坚定了他们做海外购物领域真实内容分享平台的决心。

2013年12月，他们正式推出海外购物分享社区App——小红书。刚开始小红书是以"小红书香港购物指南"在App Store上线的，有很多香港的购物笔记，但是后来逐渐出现了一些日韩欧美的购物笔记，这就促成了小红书成为一个全球性购物笔记的内容分享平台，也诞生了那句经典的slogan：找到全世界的好东西，如图1.1所示。

随着自身不断发展，小红书已不单单满足于做一个好物分享平台，而是有着更大的追求，即做一个更深层次、更能展现人的魅力的平台。所以小红书在2018年初将品牌的slogan升级成：标记我的生活，如图1.2所示。

图 1.1　小红书早期的 slogan

图 1.2　小红书目前的 slogan

这也说明小红书已经将内容重心由物转移到人，以人为核心，打造人设，由最初的贩卖好物到现在的贩卖让人仰慕艳羡的生活方式，这正是把握住了人性中的慕强心理。毕竟小红书上面分享的是很多人没有见过的东西，或是想要得到的东西，一张美图，几段文字，就可以让看笔记的人羡慕不已。

小红书在近些年的发展中，因其独特的差异化定位而备受瞩目，先后获得包括徐小平的真格基金、金沙江创业投资基金、GGV（纪源资本）、腾讯投资、天图投资、阿里巴巴等在内的资本方的青睐。获得资本方的认可，也让小红书一路狂奔，迅猛发展。而对于其整体的发展脉络，我们可以通过下面的时间线来一探究竟。

2013 年 6 月，小红书在上海成立；

2013 年 12 月，小红书推出海外购物分享社区；

2014年12月，小红书正式上线电商平台"福利社"；

2015年1月，小红书郑州自营保税仓正式投入运营；

2015年9月，国务院总理李克强视察小红书；

2016年7月，小红书被国家发改委评为"互联网+百佳实践案例"，并在全国宣传推广；

2017年6月，小红书第三个"66周年庆大促"，开卖2小时即突破1亿销售额，在苹果App Store购物类下载排名第一，小红书用户数突破5000万；

2018年10月，小红书用户数突破1.5亿；

2019年1月，小红书用户数突破2亿；

2019年7月，小红书用户数突破3亿，月活用户数突破1亿。

截至2021年年底，小红书用户数已经稳定在3亿，月活用户数已超过2亿，2021年笔记发布量近4亿条，每天产生超100亿次的笔记曝光。

小红书在快速的发展过程中，不仅吸引了大量的用户，也吸引了很多明星入驻，包括尹正、龚俊、赵露思、沈梦辰等，一时之间，可谓风头无两，如图1.3所示。

小红书的发展看似迅猛而平坦，其实也遭遇过"劫难"，毕竟一个平台如果没有强有力的把控，在迅猛发展中很容易失控。2019年7月29日，很多人反映小红书App下载不了，小红书几乎一夜之间就消失得无影无踪。

这是为何？主要是由于小红书上的虚假医美笔记、电子烟营销、涉黄、炫富等一系列事件导致的。毕竟一个平台的崛起，会受到很多人的关注，而很多别有用心的

图1.3 小红书明星榜截图

人便希望借此机会来赚一波,这严重扰乱了小红书的内容生态,导致小红书被责令下架整改。

对此,小红书联合创始人瞿芳曾私下坦言,小红书之前走得太快,需要时间沉淀和反思。

在下架的那段时间里,小红书积极整改,坚决打击不良笔记,以维护自身内容生态。

被下架77天后,小红书在2019年10月14日晚重新上架。为保证笔记的质量,基本上每一篇笔记都要经过机审和人审的双重审核,而且内容审核也更加严格。

历经"新生"的小红书,继续开始自己前进的步伐。

1.2 小红书不红了吗

我在好几个公开的场合都听到有人说:小红书不红了,小红书有太多的虚假笔记等。尤其是在抖音、快手、B站等平台迅猛崛起之后,关于小红书不行了的论调经常会被提及。

他们的依据是抖音、快手有着巨大的流量,而且有着可以迅速变现的直播基因,而小红书没有巨大的流量,且没有办法通过直播或者短视频立马变现。

其实衡量一个平台的好坏,有时候不能只看它是否能够马上盈利,而要看它是否能够形成自己的壁垒、是否有自己独特的护城河、是否能够守住自己的一方天地。

话又说回来,很多品牌方在抖音、快手上卖货也不见得都是赚钱的,毕竟要给主播高昂的佣金或坑位费,商品价格还要给得够低才行,所以很多时候有些品牌方在其中顶多是赔本赚了个吆喝。

2019年,小红书被强制性下架,以至于没有办法下载,那个时候很多人对于小红书的判断更是:它不行了!

这也是小红书经历的一次阵痛,但是之后它继续焕发出生机与活力。刚恢复上架,它的注册用户不降反升,而且还亮相于中国国际进口博览会。

到 2022 年年初,小红书的月活用户数已经突破了 2 个亿,日活用户也已经接近 6000 万。小红书已经成为所有品牌方所认可的目前中国较好的内容种草平台之一,因此也被称为国民种草机。

种草,网络流行语,本义即播种草种子或栽植草这种植物的幼苗,后指专门给别人推荐好货以诱人购买的行为,类似"安利"。

可以说,目前很多行业,都想在小红书上面铺一些自己的笔记,让自己的品牌能够得到最大化的曝光。毕竟小红书在做内容这一块,还是有着自己独特的优势的。

而小红书发展至今,除了用户体量在不断增长,用户群体也发生了一些变化。2021 年 7 月,小红书社区内容负责人对外表示,小红书上已经有 30% 左右的男性用户(有不少男性注册了小红书账号,只不过性别采用的是女性),这一点是小红书非常愿意看到的。对于很多做男性产品的企业来说,小红书也成为它们布局的一个平台,如图 1.4 所示。

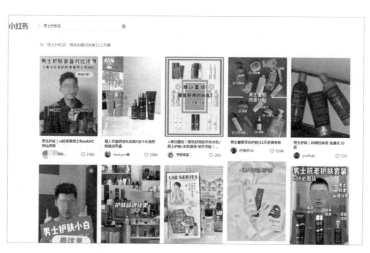

图 1.4 男士护肤品在小红书有高达 11 万篇的笔记

不管是从月活用户数上看,还是从平台的发展和用户群体的变化上看,小红书现在依然特别红,无论是消费者购买产品还是品牌方做宣传,小红书都是目前甚至未来几年始终绕不开的平台。

所以说,小红书不仅目前红,而且未来的前景依然广阔。一个平台如果没有生命力的话,很多时候不一定是因为它做得不好,而是因为出现了一个新的物种,这个新的物种可能会取代原有的平台。目前来看,互联网巨头以及一些新锐平台,还没有谁可以取代小红书而成为这么受用户欢迎的分享型平台。

作为品牌方,如果有好的产品,小红书绝对是一个很好的突破口。因为现在想寻找一个突破口真的太难了,要么是需要烧太多钱,要么是需要花费很多精力,而小红书可能会创造一个以小博大的奇迹,成为很多品牌冷启动的重要阵地。

当然最重要的一点是,小红书70%的用户都是"90后",而且在新增长的用户当中,有80%都是"95后",这是很多平台无法比拟的,也是小红书的未来,毕竟谁占有了年轻人,谁就占有了庞大的商业阵地,如图1.5所示。

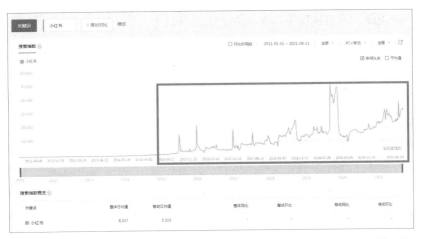

图 1.5 百度指数上小红书整体的趋势一直走高(最高峰是由被下架风波引起的)

由图 1.5 可知，未来小红书还有很大的发展空间。

截至 2021 年年底，小红书上活跃的内容分享者人数为 4300 万，共有 8 万多个品牌在上面做宣传，其中有超 5 万个品牌已经在上面开通了企业号。小红书打造的 B2K2C 的社区电商模式，将品牌与博主及用户打造成一个完整的商业链条，让消费者不仅仅是消费者，也是内容的分享者。

小红书究竟红还是不红？一目了然。

1.3 小红书的本质是什么

其实关于小红书的本质，我看过很多解读，最常见的解读就是它是一个内容分享平台。

尽管这样的解读并没有错，但是我们从深层次考虑一下，中国的社交媒体并不只有小红书，像微信朋友圈、微博、抖音等其实都带有一些分享性质，大家一有好玩有趣的内容，都喜欢在上面分享，但为什么偏偏小红书成为大家分享好物、美景、美食较火的平台之一？

我曾经和一个学心理学的朋友聊过这个问题，他说分享其实是人的一种本能，人自从诞生以来，为了能够在这个世界上更好地生存，就要懂得协作，而协作的前提就是要懂得分享，否则很容易被孤立或者被猎杀。从这个角度来说，分享是人的基因里天然存在的东西，现在随着物质生活的极大丰富，很多人也喜欢分享自己的状态，希望别人能够看到自己的美好生活。

所以，小红书就是在贩卖一种让大家都能看得到的生活方式。

这个学心理学的朋友还跟我说，大家在小红书上晒的基本上都是各种好物，不是包包就是化妆品，不是美食就是美容，而很少有人在小红书上面卖惨。从人性的角度来说，这是一种虚荣催生的内容经济，或者说是炫经济，炫并不是罪过，只是人的本性而已，如图 1.6 所示。

曾几何时，小红书上出现了很多炫富的，他们晒自己的豪车名表、晒自己的旅游过程以及所住的奢华酒店等，导致很多人非常羡慕，也非常爱看，甚至会虚荣跟风，从而引领了一种不合时宜的风气。所以，后来小红书对这些炫富的笔记以及账号予以封杀。

图 1.6 小红书上面的豪车笔记

尽管如此，大家还是喜欢从小红书上寻找自己所向往的生活方式。而且大家在小红书上可以光明正大地晒各种各样的好物，因为如果是在朋友圈晒的话，很容易被自己的亲朋好友反感，毕竟微信朋友圈是一个近关系，能加到你微信的基本上都是你认识的人。而在小红书上能够看到你笔记的，可能都是具有同类爱好的人，绝大部分都是陌生人，所以很多人晒笔记并不会觉得尴尬。

在小红书这样一个能很好地保护自我的平台上，大家可以尽情地去炫自己喜欢的东西，然后通过这些去吸引志同道合的人来关注你，久而久之，关注你的人多了，你就成了红人。

所以在我看来，小红书的本质就是：一个基于人的分享欲望而诞生的内容分享平台。

1.4 得女性者得天下的小红书

众所周知,小红书是一个非常精准的女性生活和内容社区,即它的受众群体就是女性。而在商业领域有这么一句话:得女性者得天下。

因为女性消费品占据了平台总消费品的 60% 以上,比如服装、包包、鞋子、化妆品、家居用品等,基本上都是女性在购买或者是作为决策群体去购买,而男性买一个包能用好几年,买护肤品只是洗面奶、水、乳等。

正是基于女性用户群体的高占比,以及"90 后""95 后"年轻女性的进入,我们可以简单认为小红书就是一个女性平台,是围绕着女性来展开营销的,所以美妆、服装,以及食品等类目就是它的几大热门类目。

近几年比较流行的女性消费品牌,如完美日记、花西子以及即食燕窝品牌小仙炖等,都在小红书上面铺了大量的笔记,不管是达人分享还是消费者自主分享,甚至是一些明星的推荐,都可以看得到这种强势覆盖,也让很多新锐品牌在小红书上面做得风生水起。

其实说白了就是,当你不停地接触消费者时,时间久了,他们就很容易被"洗脑"了。当然这里的"洗脑"并不是真正的"洗脑",而是一个反复传递信息的过程,你第一次看没有感觉,第十次看可能就想购买了。

1.5 为什么很多品牌选择在小红书上推广

为什么很多品牌选择在小红书上推广?一方面是因为小红书有强大的影响力、号召力,以及广大的高消费人群,另一方面是因为小红书主要是做内容分享,这种内容分享属于口碑式的传播,每一篇笔记都是一个消费者的口碑,你可以在这里称赞你买的产品,也可以在这里吐槽你买的产品。从品牌的角度来说,在小红书种草肯定都是说品牌好的,那么这些说品牌好的笔记就很容易被消费者看到,从而对你的品牌产生比较好的印象。

众所周知,过去的传播都是单向性传播,比如电视广告、杂志广告,都是告诉消费者我是谁、我的产品有哪些功能,这些都只能让消费者去看,并不能和消费者互动,更不能让消费者产生黏性。但在小红书这一分享型的内容平台上,消费者可以根据自己的喜好,把自己喜欢的产品安利给自己的粉丝,甚至是自己的亲戚和朋友,他们可以选择把一篇笔记分享出去,也可以在别人的笔记下面进行互动评论,这是电视媒体和杂志媒体做不到的,毕竟大家总不可能对着电视机说"这个产品比较好,我喜欢",也不可能在杂志上面写上"已阅"两个字。

而且消费者并不会因为看到你的一个电视广告或者杂志广告就去购买,他们更喜欢自己去搜索,比如搜索哪一款防脱发洗发水比较好,搜索哪一款面霜比较好,搜索哪一款牛仔裤比较有个性,这种让消费者因为想购买某款产品而主动去搜索的平台,小红书是热度较高的平台之一。

图 1.7 小红书上的搜索

因为不管是在微博还是微信上,即使去搜索同样的话题,它们呈现出来的内容也是比较少的,根本没有办法跟小红书相比。

所以这样一个搜索的过程,也是消费者主动参与的一个过程,如图 1.7 所示。

让消费者参与进来,成为品牌的发声筒,成为产品的宣传使者,是小红书跟过去传统式营销的最大区别。在当前越来越讲究内容营销的时代背景下,小红书的平台特点很受品牌方的欢迎，品牌方可以在小红书上与素人、达人、明星和消费者共同组成品牌的传播矩阵。

从成本角度来说，相比于电视广告、杂志广告以及其他广告，小红书的推广费用要低很多。当然这只是相对而言，你如果想要达到一定数量的笔记，以及实现一定级别的消费群体覆盖，小红书的费用也是不少的。但是不管你的预算是多还是少，都可以在小红书上面种草，这对于一些刚刚创立的品牌来说是很有助益的，因为没有哪个平台能够像小红书这样对新品牌比较友好。新品牌刚开始资金不足，在小红书上适当投放的话可以迅速起盘，从而快速打开知名度。所以，小红书可以让品牌尽快实现冷启动。

总之，小红书平台上人多，传播速度快。

1.6 小红书能给品牌带来什么

关于这个问题，很多人跟我一起探讨过。其实简单地说，小红书给品牌带来的就是知名度、美誉度，这个是最直接的。

因为任何一个品牌在小红书上种草，都是为了提高自身的知名度、美誉度。虽然有人说做小红书就是为了卖货，没错，卖货是在小红书上种草的终极目的，但是因为小红书平台的特点，小红书更倾向于内容的分享交流与营销传播，因此它并不是一个带货率很高的平台。很多人在小红书上看了笔记之后，基本上不怎么会在小红书上购买，而可能会到淘宝、天猫、京东这样的平台上去购买。对于这些人而言，小红书的意义就是供他们来看一看口碑、看一看风评，然后做出是否购买的决策。比如一个人想买洗面奶，可能还没确定买哪一款，或者说基本上确定了买哪一款，但他还是想看一看洗面奶在小红书上的口碑如何，如果口碑比较好的话，就会加快他的购买速度，如果口碑不好的话，可能就会延缓他的购买速度，甚至会让他直接放弃。

所以说小红书能够给品牌带来的是口碑,至于销量则是在口碑之后通过转化达成的。小红书可以长久地给品牌带来美誉度的提升,让消费者从多方面了解品牌,毕竟过去都是品牌方自说自话、自吹自擂,但是在小红书上主动权可能就不一定在品牌方了,品牌方可以引导消费者去发笔记,但是并不能强制消费者们发笔记,所以很多消费者之所以喜欢在小红书上看笔记、分享就是因为觉得它相对真实。

总之,小红书可以给品牌带来好的口碑,在达到一定量之后,经过发酵,就会转化为销量。

1.7 这些年从小红书上崛起的新锐品牌

基本上每一个渠道的兴起或者是平台的壮大,都会催生一系列品牌的迅猛发展,这在世界商业史上以及中国商业史上都已经得到过印证。

举个例子,在电视媒体大行其道的年代里,催生了很多新的国内品牌。比如以前我们都知道的小霸王学习机、脑白金、两面针牙膏等老国货,都是伴随着电视媒体的兴起而崛起的。

我曾经和一个比我大十几岁的做广告的同行交流过,他说他以前就是帮品牌方找明星做代言拍广告的。他曾经帮广州的一家洗发水公司拍广告,找了当年爆火的电视剧里的一个女明星代言,然后把这个广告同步投放到央视和其他一些卫视,结果这个洗发水卖断货了。据他描述,很多经销商都用皮包装着钱跑到这个品牌的工厂里,就是为了能够直接把货提走或者是优先把货提走,因为产品卖得太好了,市场供不应求。这就是当年电视媒体占据主导地位的一个缩影。

在互联网时代,各个平台也都诞生了一些头部品牌,像淘宝平台诞生了像韩都衣舍、御泥坊,以及一些家居电器品牌等,它们都是伴随着平台的崛起而强大起来的。

抖音平台也是如此,催生了一些新的品牌,同时也让一些中小品牌变得强大起来。

而小红书平台上也诞生了一批比较牛的企业,比如完美日记、花西子、钟薛高等品牌就是靠着小红书迅速出圈,迅速打开了市场,俘获了消费者的芳心,取得了很多传统品牌5年、10年,甚至20年都没有取得过的辉煌业绩,如图1.8所示。

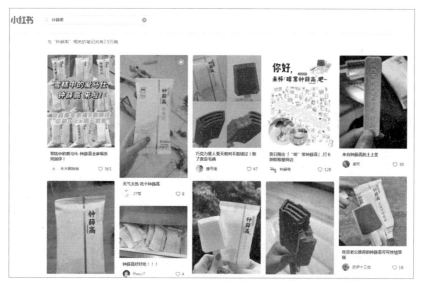

图1.8 钟薛高在小红书上有近3万篇笔记分享

除此之外,像自然之名、谷雨、小仙炖等品牌也都在小红书平台上取得了不俗的成绩,它们就是靠着品牌自身独特的调性,并发力小红书内容种草,最终获得了消费者的认可。

1.8 从无名到知名,小红书对品牌意义非凡

小红书不仅可以赋能线上品牌,同样也可以赋能线下实体,所以在小红书上实体探店的笔记量也是比较多的。

在小红书平台上，线下探店类的笔记已经超过了三百万篇。小红书品牌联合创始人瞿芳表示：小红书鼓励大家回到线下，回到生活中去，而我们的种草不仅包括线上，线下种草也一样。

其实不管是线上还是线下，品牌在小红书上的种草都是丰富而立体的。过去我们在淘宝或是天猫买一个商品，买完之后顶多发个评论，基本上也就几十个字，很少有人能够用心写一大段文字去分享自己对购买的商品的感受，有很多人只是买东西，根本不屑于去评论晒图。但是在小红书上，一个商品可以被大段的文字所描述，并配以好看的图片，有的甚至通过专门的视频来种草。

单单这一点，就让很多品牌着迷。毕竟，谁不想让自家的产品被消费者种草呢？

所以，小红书更大的意义就是给很多品牌提供了相对平等的机会。我的一个朋友做内衣品牌，他在几年前开始创业，因为当时是新品牌，知名度也不够高，想入驻天猫不太可能，毕竟天猫是有门槛的。后来他找到我，和我一起聊这个品牌应该怎么做，我当时看到的情形就是，这个品牌有自己的调性，但是他资金不足，做什么事都畏手畏脚。

他那时知道小红书，但是不知道怎么去投，毕竟上哪里找这么多人去宣传他的产品也是一个问题。后来我的前同事给他出了一个小红书的方案，其实方案并没什么特别的，就是让他拿出一百件内衣和一部分奖金用于小红书平台种草，我也让他在自己平时积累的老客户群里发信息，意思是如果大家去小红书平台上种草，发布和他的品牌有关的信息，就会享受到五折购买店铺内产品的优惠。当时他推出这个信息后，确实达到了不错的效果，因为品质不错，有一些想回购的客户就愿意帮这个忙。后来我们又介绍了一些资源，陆续给他做了一批小红书种草，整体形成了合力，达到了不错的效果。现在他的店铺里还有一个规定，就是只要客户买了产品后，在小红书上发布种草，就可以获得大额度的减免。显然，这种方法对于新品牌还是有着不错的效果的。

其实有实力的品牌想要种草并不难，但毕竟这样的品牌是少数，大部分品牌在花钱上都有着很多顾虑，而那些刚创业的品牌则更难，它们需要得到平台更多的包容。

小红书恰恰是一个对新品牌相对友好的平台，这也是很多新品牌能够从小红书上起家的原因，从无名到知名，既靠实力，也靠机遇与选择。

虽然抖音平台也不错，但它的娱乐和新闻属性更大一些，很多人玩抖音就是为了娱乐，但是看小红书就是为了发现更好、更有意思的产品，因而小红书是很多女性的搜索引擎。

1.9 为什么一些很牛的企业内容营销却做得一塌糊涂

不知道大家有没有发现一个现象，就是在国内越牛的企业内容营销好像越是做得一塌糊涂，他们的营销一般都是靠砸钱、砸钱、再砸钱，要么拍广告，要么请明星，要么做信息流，只能说有钱就是任性。

相对于广告与明星而言，内容营销其实是成本最低的，也是最容易持久输出的。比如早期的杜蕾斯在微博上做内容吸引了很多人，而当时别的大企业很多都做得不是特别好。2021年，小米手机靠着修改logo火了一把，这也算是打了内容营销的擦边球，引发了互动争议，但是这种事情其实是可遇不可求的，毕竟品牌方总不可能天天靠修改logo去制造话题进行营销吧。

而其他的企业不管是华为、苹果还是比亚迪、李宁、安踏，也不管是电子产品还是美妆日化，好像内容营销都做得不够出彩。当然，各个企业的玩法不一样，这里就不过多地讨论细节了。反倒是一些新锐品牌，靠着内容营销以及独特的营销战术，在营销界崭露头角，获得了消费者的青睐。

那么大企业为什么在内容营销上还干不过一些中小企业？

1.9.1　组织架构

大企业有大企业的通病，因为它是一个体系化的结构，很多企业的品牌部想到一个不错的主意，向上呈报审批的时候，流程和时间往往会比较长，而且大企业内部的营销人员与产品研发人员甚至是销售人员总是会相互掣肘。

研发人员有时会觉得做营销的人什么也不懂，做营销的人则会觉得研发人员不解风情，不理解市场和消费者，所以企业内部就会形成牵制。

出现这种问题一般怎么解决呢？

从我接触过的一些内容营销做得不错的企业来看，它们都是专门成立一个团队或者一个项目组，专门有一个人来拍板做决定，这个人要么是高层，要么就是企业的老板，只有高层躬身入局，亲自做决定，做事才会更高效，不然下面的人总是内耗，扯来扯去没什么意义，这样也就贻误了战机。

如果从组织架构上来总结，就是一定要有一个头儿，一个能拍板的头儿，这个人最好是老板或大领导。

1.9.2　老板的参与

尽管很多时候，老板管得太多并不是一件好事，但在大家做决策的时候一定要及时给予回应，这才是明智的老板。很多大企业的通病就是老板特别忙，非常忙，忙到了极致，几乎不是在见客户的途中，就是在被客户见的路上。

很多时候，老板都抽不出空来和团队交流，其实老板每周最好跟团队交流一次，一方面可以督促团队把很多工作向前推进，另一方面可以帮团队解决很多问题，比如资金问题，还有各种各样其他的问题。

而很多小企业尤其是创业型企业的老板则比较灵活，经常跟企业员工泡在一起，他们一有想法马上就会去尝试，根本不会出现很多官僚式的东西，一旦这个想法效果好，他们就会持续去做，而且敢于尝试很多新鲜事物。毕竟对于很多初创型企业来说，钱要花在刀刃上，否则就白花了，如果让他们花钱去砸电视广告那根本不可能，毕竟电视广告的费用实在是太高了，但如果让他们在新媒体上做内容营销，很多人还是愿意干的。

而且很多大企业一旦涉及费用，有一些部门负责人都不太敢向老板申请，好像只要一和老板提钱，老板就头疼，所以非常影响办事效率。反而是小企业，因为老板自己知道哪些钱应该怎么花，所以心里都有底，然后员工在花钱上也都比较灵活。

1.9.3　对于内容营销的理解

其实内容营销最核心的关键就在于怎样生产出有吸引力的内容让大家去看，这一点非常重要。而且内容营销的传播渠道无外乎小红书、知乎、百度以及一些网站的新闻公关等，还有短视频，比如抖音、B站、快手等，无论你在里面发布与自己品牌相关的图文也好、视频也罢，都属于内容营销的范畴。

但是有一些企业老板并不这么想，他认为我只要自己出了钱，对方把事情做好就行，但实际上，企业的统筹与把握，以及企业内部合力还是很重要的，而且内容一定不要做得很死板，现在这个时代，大家都不喜欢做得太商业、太广告化的内容。内容就像一个人的性格，可以很萌，也可以很狗血，还可以很有趣，这些在内容营销当中都很重要。

我接触过的很多品牌方，有些老板确实能接受新生事物，但有些对于新生事物的理解就比较肤浅，当前大部分老板其实都是愿意学习的，他们愿意去做短视频，也愿意去做内容种草。

抖音上有一个比较火的老板，他是中山戈雅光电的老板张大炮。他就是靠着做短视频，每天拍一下自己的生活、工作，并不断地发布视频，然后公司被赋能，目前发展得还不错。其实如果很多企业的老板能够参考他的那种方式，我觉得也可以做得不错。

当年的李维斯牛仔裤，讲美国西部牛仔淘金的故事，还有阿迪、耐克，都是靠着品牌以及产品去讲故事的。

对于很多初创型企业或者是小企业而言，当产品力还不够的时候，怎样说故事和说故事的人是谁就显得非常重要，最好是由创始人来说，品牌故事通过创始人的嘴说出来，产品通过创始人的一言一行展示出来，有时会比单纯让产品去说话更有效。

而在小红书平台上做内容营销，如果企业领导人多多关注并参与进来，作为智囊团的一员，比当一个甩手掌柜的效果要好得多。

第 2 章
小红书，不只是"她"经济

虽然一直以来小红书上女性用户群体占比很高，但近几年的发展数据显示，有越来越多的男性开始玩小红书，他们在上面看知识分享、看汽车、看电子产品等，也有越来越多的男士相关品牌开始发力小红书，希望通过这一平台来打造属于男性的经济。小红书因此吸引了很多新锐品牌在其上大量种草，并开始"出圈"。

2.1 小红书的类目扩张

前面我们已经说过，小红书最早的时候主要是做一些跟海外代购以及海外好物有关的分享，而且大部分内容都与美妆类、母婴类等女性用品的关联度比较大。

但随着小红书的不断扩张与发展，其涉及的类目也在逐渐增加。

早期小红书的定位是找到全世界的好东西，这跟产品有着密切的关系，但是现在小红书开始贩卖生活方式，所以它的定位就成了：标记我的生活。当然生活覆盖的范围非常大，它可以是生活方式，也可以是生活用品，更可以是吃穿用行、娱乐等方方面面。

以前，很多女生在小红书上最喜欢看的就是美妆好物和一些服装穿搭之类的笔记。到了 2021 年,小红书上的美食类笔记增长非常迅速,达到了 200% 以上的速度,而且曾经一度超过了美妆类目,成为小红书平台上的第一大垂直类目。

而随着小红书的不断发展,它的母婴类、旅行类、知识类、萌宠类,甚至直播以及与男性相关的笔记都在快速增长。这也是很多品牌在小红书上种草的原因,比如一些民宿类的玩家,喜欢通过在小红书上种草来宣传推广自己的民宿,还有一些旅游产业的从业者,也喜欢通过小红书分享美景,吸引大家前去游玩。

2021 年的数据显示,小红书平台上男性用户的占比已经达到了 30% 以上。这的确让人惊讶,因为以往很多人的印象是:男人玩什么小红书呀?小红书不就是女孩子玩的吗?

确实,小红书已经在慢慢地发生着变化,开始把自己贩卖的生活方式向男性辐射,毕竟这样能够扩张平台类目,也有利于提高平台的广告营收。所以我认为,吸引男性用户进入是小红书出于对自身发展战略的考量。

对于很多企业来说,只要自己的产品是大众消费品,能让普通人消费得起,那小红书确实是一个很好的选择,因为这里不只是"她"经济,更是"他"经济。

2.2 进口品牌的前沿阵地

在中国所有的互联网平台中,其原生基因就与进口品牌密切相关的非小红书莫属,毕竟小红书早期就是靠着分享海外代购的内容而吸引了大家的注意力的。

这几年虽然有很多消费者对国货的兴趣开始提升,但不可否认的是,依然有很多人对进口品牌有着浓厚的兴趣,这主要是因为消费者的整体消费水平有所上升。很多进口品牌开始蜂拥而至，哪怕是一些在国外不知名的品牌，也都希望借着洋品牌的身份来中国市场分一杯羹。所以，这几年进口品牌确实挺火的。

但与传统国货不一样，进口品牌从商标到产品名称再到使用功效，基本上是一片空白，就算是贴上中文标签，很多时候得到的也是消费者的一知半解，甚至一无所知。所以这些进口品牌迫切希望消费者能够了解它们的品牌和产品，而在小红书上种草则成为它们来到中国市场进行宣传的首要工作。

很多做进口品牌的商家都把宣传推广费用投到小红书上，就是想让大家知道并了解他们的品牌，毕竟小红书有着强大的进口品牌基因，这一点对于消费者而言是非常重要的。

我曾经在一个化妆品行业的会议上，看到密密麻麻聚集着上百个进口品牌，很多品牌根本听都没有听过，但它们绝大部分都是通过小红书去宣传的。仅进口护肤品一词，在小红书上就有6万多篇笔记，如图2.1所示。

当时我问他们进口品牌好不好做，他们说相对于传统国货而言，毕竟拥有洋身份的产品会给一些不太懂行的消费者带来心理上的满足，让消费者们产生优越感。

虽然当下国货确实在快速发展，也诞生了一些优秀的国潮品牌，

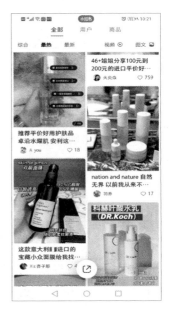

图2.1　进口护肤品在小红书上做推广

但很多消费者还是对进口品牌更有兴趣，毕竟一直以来都存在着一种现象，在心理学上叫"慕强心理"，就是谁更强大，谁的产品在整个世界

的商品体系中就更受欢迎,美国就是如此。这几年中国也开始有了这个苗头,中国的产品在海外受到了极大的欢迎,所以国货出海炒得火热。

总之不管是进口品牌还是国潮品牌,小红书都是它们起盘宣传的第一站。

2.3 新锐国潮品牌的孵化基地

前面提到,小红书因为其达人与用户的时尚属性,吸引了众多商家入驻,大家都希望能够借助小红书平台分得一杯羹,因此都将小红书作为品牌种草的"圣地"。截至 2022 年 1 月,入驻小红书的品牌已经超过 5 万个,比如近几年大火的品牌——完美日记,在小红书上的相关笔记已经多达 31 万篇,其官方账号也拥有近 200 万的粉丝。这一点是很多品牌都难以望其项背的。

完美日记的巨大成功,让很多品牌,尤其是新品牌看到了一条崛起的"捷径",毕竟如果按传统的打法,第一是要有资金,第二还是要有资金,没有资金,什么推广都做不了,什么资源都匹配不了,品牌也就很难做起来,而小红书正是很多品牌的孵化基地。

小红书愿意扶持一些新品牌,这是平台发展的必然路径。淘宝在起家的时候,也专门扶持了一些淘品牌,把它们打造成标杆,从而吸引了更多品牌入驻。正是基于此,小红书将流量分发给一些有潜力的品牌,而且定期举办不同的活动,与不同的品牌交流。比如近几年比较火的民宿类目,小红书就与其开展了多场包括直播、KOC 推广、达人专场、达人探店等在内的不同形式的活动,给它们提供了很多资源。

2021 年 5 月底,小红书与化妆品行业的新锐媒体聚美丽共同发布了《2021 小红书美护趋势品牌报告》。报告中明确提出,小红书不仅仅是一个种草平台,也是一个收割平台,它一直在致力于打造品牌从种草到收割的闭环,也在着力打造一批年销量达到千万级别的美妆类品牌。

小红书的官方数据显示,一些完全零基础的品牌在短短几个月内就实现了月销量过百万,这都得益于小红书的扶持,当然也离不开品牌自身的努力与投入。

2.4 高品质产品的分享平台

谈到这个话题,我想到了一件事情,虽然这件事情不是我亲身经历的,但我们从中可以略窥一二。

事情大致是这样的:我的一个朋友,这里就称他为张三,以前是做化妆品的,是一家国产品牌的操盘手,主攻线下实体渠道。他的销售策略是以买赠及大力度的促销为主,比如一款精华水以买200送200的形式进行促销,本来卖200元1瓶的精华水,经过他的活动促销政策,基本上就变成了卖100元1瓶。这还没完,消费者在实际付了100元之后,还可以得到面膜等赠品。总之,就相当于用100元钱买了一堆东西。

后来张三离职,开始自己创业。他觉得国货的毛利太低,就想弄一批进口商品销售。通过运作,他引进了一个进口化妆品品牌,并利用自己之前的人脉关系在国内销售,一瓶乳液可以卖到三四百元,但是在原有的实体渠道卖得并不好。这除了成本等方面的原因以外,和他的销售策略也有很大关系,如果还按以前买200送200再送赠品的形式操作,他的利润就很薄,而且当时他引进的品牌的知名度并不高,加上竞争对手的活动力度比较大,这给他造成了很大的困扰。

产品卖不动,员工工资要发,所以张三的压力很大。最要命的是,他的仓库还因为发洪水被淹。当整个人几近绝望时,有一个人跟他说:"要不你把这些产品低价给我,我来处理。"张三没其他办法,就把这些产品以低于成本价的价格转手给他。结果这个人通过在小红书上种草,用了不到半年的时间就把这个品牌给盘活了。

张三得知后,觉得小红书可以做,于是请国内的一个做化妆品的小厂加工了一批产品,这些产品的成本很低廉,所以卖价也不是很高,也就几十块钱左右。他通过小红书推了一阵儿,但最终的效果是出人意料的惨淡。

原因何在?在于产品不行,包装一般,价格太便宜。

小红书的主力用户是一、二、三线城市的人群,这些人很多都用着国际品牌,有一些小资情调,对生活有着品质追求,对于那些廉价的产品,他们是不太能看得上的。这并不是说这些人就不买便宜的产品,他们也买,但他们买的便宜的产品多有以下几个特点。其一是颜值调性高。有一些产品,虽然价格不贵,但是颜值很高,很有品位,品质很高,会让人有一种想要分享或购买的欲望。其二是符合他们的生活品位。我们在小红书上可以发现,一些创意类的小物件,价格从几块钱到几十块钱不等,但得到了很多人的积极分享,因为它们确实帮助这些人解决了很多日常生活中的小麻烦,使他们的生活品质得到了提升。

小红书上有一篇爆款笔记,是说一些收纳小物件的,里面从4.5元的折叠小架子,到8.5元的杂物收纳篮,再到19.9元的床头收纳袋等,可谓应有尽有。这就是高品质分享的典范。

可见消费者认可的是高品质或者高颜值的产品;否则,就算你的产品再便宜,也无人问津。

其原因就在于,小红书是一个分享高品质产品,帮助人们提升生活品质的平台。

2.5 品牌在小红书的起盘路线图

其实,这个标题的内容是很多品牌都非常关心的。在这里我就先把主要的内容说一下，很多具体的操作会在后面的章节细说。

每个品牌在小红书上起盘，都是希望自己能够成为一个标杆或者受到大众追捧。

那么对于品牌方而言，如果想在小红书上起盘，必须具备四个条件。

2.5.1 优质专业的内容

这一点非常好理解，如果品牌方没有专业的内容，很多东西就没办法呈现给消费者。现在有一些新锐化妆品以及小家电品牌，往往会用专业的知识进行输出，目的就是让消费者看到品牌优质专业的内容。

2.5.2 达人的配合

达人的配合，是必不可少的一个环节。因为在小红书上没有任何一个品牌是全部靠素人做起来的，素人虽然对于布局关键词有一定的优势，但是因为影响力有限而没有办法帮助品牌实现影响力的全覆盖。

有一些品牌只是通过企业号去种草，但是企业号有它很明显的弊端，就是太容易被人认为是自吹自播，所以一定要有一定数量的达人共同发声，才能在小红书上起盘。

2.5.3 信息流与直播的配合

首先是信息流，这个环节其实是针对实力相对不错的品牌而言的。不少企业对于投信息流的兴趣不是特别大，因为他们觉得做信息流太烧钱。但是在小红书上做得好的确实是信息流投得还不错的，所以品牌方可以考虑适当地做信息流。

其次是直播的配合，小红书上会有一些达人直播和明星直播，品牌方可以适当地做一下尝试。为了节省费用，可以通过边投边产出的方式来决定接下来是不是要继续投。

2.5.4 收割平台的搭建

要在小红书上做推广引流,小红书商城的搭建是一个必不可少的环节。虽说目前小红书商城整体的销售情况并不是特别理想,很多人喜欢在小红书上看笔记,但是并不会在品牌方的商城购物,而是去京东或者天猫购物,这个其实还是消费习惯的问题。

所以除了搭建小红书商城以外,也可以在天猫和京东上开设自己的商城或者是淘宝店铺,为大家提供一个购买你的产品的平台。小红书上有一些笔记是把淘宝店铺的名称带出来的,当然它并没有提及"淘宝"这两个字眼,这样很多消费者就会自己去搜索店铺名,从而进入你的店铺。也就是说,你如果没有小红书商城,没有天猫商城,也没有京东商城,至少也要有一个淘宝店铺,用来承接你所转换的流量。

只有通过优质专业的内容,达人的配合,以及官方信息流与直播配合,你的品牌才有可能在小红书上崛起,而上述四点是很多新品牌崛起的标配,缺一不可。

第 3 章 小红书用户画像与基本词义

刚接触小红书的运营人员或用户，对小红书的很多相关名词肯定不是很了解。下面我将从小红书的流量逻辑到基础词汇展开介绍，让大家能够更全面地了解小红书。

3.1 小红书用户与创作者画像

在 2022 小红书商业生态大会上，小红书相关负责人介绍，小红书的数据报告显示，在整体用户的大盘中，小红书女性用户占比为 70%，男性用户占比已经上升为 30%，用户中 50% 来自一、二线城市，新增长的 70% 都是"90 后"。

小红书用户的年轻化趋势非常明显，整体用户的年龄都在 18～34 岁，这一年龄段的用户占比已经超过 83%。

而在地域分布上，小红书的使用人群前五大区域分别是广东、上海、北京、浙江、江苏，这五大区域的用户体量已经达到小红书整个平台的 60%，由此可见小红书的用户与该区域经济发展的程度密切相关，来自经济发展水平高的地区、消费能力强的都市白领、职场精英是其主要的用户群体。

小红书平台上大概已经有3亿篇生活笔记，而且单日的曝光量也有80亿，这个量是非常庞大的。在小红书整体的大盘上，排名前十中有三个类目非常引人注目，第一是彩妆，占比6.16%，第二是护肤，占比6.03%，第三是穿搭，占比4.66%，如图3.1所示。

在小红书平台上，不管是从笔记类型角度，还是人群标签角度，如果把彩妆、护肤、穿搭、旅行、流行时尚等类目都归为泛时尚的话，那它们

图3.1 小红书人群关注焦点占比

的占比已经达到了整体的一半以上，由此可见小红书的时尚属性非常之高，这也是目前国内其他平台所无法比拟的。

小红书官方披露的资料显示，在小红书平台上购物的群体呈现了几个特点，一是客单价高，二是复购率高，三是退货率低。虽然说小红书商城整体的销量和其他电商平台相比不是很理想，但从这个角度来看，小红书是一个黏性极高的平台。

就博主的分布来说，小红书目前的创作者已经达到4400万人，其中高达75%的创作者为"90后"，来自一、二线城市的创作者占比达66%以上。

而且小红书的博主黏性和粉丝互动率都比较高，毕竟小红书上的内容很多都是与好物分享相关的笔记。不同于抖音、快手上的段子手们，他们就是制造段子，但是与商品本身的关系并不是特别大，除非他们去开直播带货，小红书上的博主很多都与商品有着紧密的联系。

根据不同的群体，小红书的用户大体可以划分为以下几类。

学生群体：学生群体是小红书的核心用户之一。在小红书新增长的

用户当中，很多都是学生，他们有的是高中生，有的是大学生，以"95至05后"为主力，愿意追求时尚，敢于尝试新鲜事物，当然最重要的还是时间充足，可以经常逛小红书，愿意在小红书上购买产品，也愿意分享自己的生活与好物。

职场群体：职场群体是小红书的另一大主力，也是高消费群体的来源。这一群体基本上来自北上广深及中国的新一线城市，他们有着高收入，在生活中追求高标准，对海外产品以及小众产品有着浓厚的兴趣，并愿意为品质生活买单。

网红与明星：网红与明星是影响力极大的群体。小红书平台上有着很多高度垂直的网红达人，涵盖了美妆、服饰、美食、金融等诸多领域，他们会凭借自己专业的知识告诉用户如何解决生活中遇到的一些问题，这也让用户更加信赖他们。而明星，主要依靠的是自身的影响力，他们分享自己日常生活中的一些好物，使很多小红书用户受到了安利。

可以说，小红书从用户到达人再到品牌，都有着极高的时尚属性，而只有时尚和专业才能够获得消费者的芳心。

3.2 小红书的转化率如何

小红书的转化率，取决于笔记的质量。一篇好的笔记，往往图片处理精致，内容吸引人，自然就会给品牌带来很不错的引流。而一篇很随意或者是很粗制滥造的笔记，就不容易给品牌带来引流。

小红书的笔记，其核心在于能够满足用户的需求，能够引发他们的共鸣，而这正是为品牌引流的关键。

所以在小红书上，不管是素人还是达人，图片、视频以及文字制造能力都非常重要。

也就是说，不管是素人还是达人，只要能产出高质量的内容，就是迈出了成功的第一步。因为素人和达人的价格相差较大，为了保持均衡和节约费用，很多品牌方会寻找素人和达人一起去种草。但是就目前的情况来看，小红书并不能与转化直接挂钩。这是因为它与现在的直播带货有所不同，直播带货都具有即时性，而且带有一些冲动型的消费，很多时候很多人在直播间买的东西都不一定是自己的必需品，而是在主播的引导下，头脑一发热就买了，买完之后可能就会后悔。这也是直播带货退货率高的原因。

但是在小红书上，很多人是因为看了笔记或者受到了博主的安利，才购买某款产品的。还有一部分消费者本身就有购买某款产品的需求，于是到小红书上来看一看大家的评分和口碑，以帮助他做出是买还是不买的决策。相对于直播带货来说，在小红书上的购买就显得比较理性，退货率也比较低。

很多客户都问过我：小红书的转化率如何？我的回答就是小红书的转化率并不与内容直接挂钩，当然如果你的产品铺的笔记量足够多，然后合作的笔记也足够多，而且质量足够高，那么热度就会足够高，在这个集体发酵的过程中，流量自然而然就来了，品牌也就会实现转化。

如果你的品牌在小红书上的笔记只有几十篇几百篇，就想实现转化，那可能性会比较低。从数据来看，在小红书平台上但凡能够拉动产品销量的，或者能够被消费者称为新锐国货的，其笔记都至少在3000篇以上，多的可以达到几万篇十几万篇，这个量确实是很惊人的。

而且在小红书平台上有一个现象，就是很多人即使看到了笔记，也不一定会在小红书商城购买，而可能会去天猫或者京东购买。这确实是小红书发展到现在略显尴尬的一种情形，也就是说它在内容方面做得特别好，但是在电商方面确实做得一般。因为在消费者的认知中，小红书就是一个种草平台，他们就是去上面看笔记的，还没有形成购物的习惯。通俗地说，小红书平台就像是一个样板房，大家都喜欢在样板房里看一看整体的格局设计，但很少有人直接买样板房。

总之,小红书的转化率其实是不错的,但前提是你的笔记要有一定的量,要形成一个集群效应,否则只靠零星的几十篇几百篇笔记,就想实现产品的低投入高产出,那基本上无异于痴人说梦。

3.3 要宣传还是要销量

这几年大家提到的一个热度比较高的词就是带货,就连一些电视媒体都在谈论如何给品牌方带货,好像现在单纯做品牌宣传的投放没有什么吸引力,只有那些可以带货的媒体在目前来说才比较吃香。

其实这很好理解,毕竟很多品牌在投入上百万上千万元电视广告费的时候,都希望能够有所收获,即能够直接带来销量。在当下的商业环境中,做纯粹的品牌宣传,其实已经不是很得人心了,只有能够带货的媒体才是硬核的媒体,这也是近几年直播带货会快速兴起的原因所在。因为每一场直播带货带来的都是实实在在的销量,尽管经常被爆出刷单、翻车等新闻,但并不妨碍其卖货属性。

而在小红书平台上,很多公司老板都面临这样的困境:一方面希望品牌部或市场部的人能把钱花出去,另一方面又希望这笔钱不白花,能够换来销量。很多公司老板一开始时非常支持去做这件事,但是做了一段时间发现没有很好的投入产出比,天猫的销量跟以前没什么两样,于是就把小红书的项目停掉了。这种情况我们见得很多,毕竟从老板的角度来说,是他要承担各方面的费用,所以这也算是正常现象。

而从小红书的角度来说,肯定希望品牌方能够卖货,而不想让消费者只是在自己的平台上看笔记,然后一转眼跑到别的平台上下单购物,这无异于给别人做嫁衣,也是小红书不愿意看到的情况。

所以,又回到了要宣传还是要销量这个问题,主要还是看你能做多少篇笔记,你的笔记做得多,爆款多,可能就会有好的销量,你的笔记做得少、爆款少，那么它所能起到的就仅仅是局部性的品牌宣传作用。

其实作为小红书运营人员大可不必在这上面过于纠结，因为你所能决定的只是用老板给的钱去种草，如果真的是你们的笔记比较少的话，那可能就只是简单的宣传了，但是如果能起到宣传作用，而你们并不能马上带货的话，也算是一个不错的结果。

3.4 KOC 与 KOL 有何区别

其实这两个概念，经常使用小红书的朋友应该都知道。我个人并不喜欢用这样的词去描述，而更喜欢直接一点的称呼——素人和达人。尽管如此，我还是要给大家简单地说一下。

先从英文上来给出一个释义，KOC 的全称是 Key Opinion Consumer，而 KOL 的全称是 Key Opinion Leader。

KOC 是指关键意见消费者，其实也就是小红书上所说的素人。因为他们的粉丝比较少，基本上都是一些自己的好友或者是与自己有一些共同兴趣爱好的人，所以能影响的人群也比较小。

KOL 是指关键意见领袖，其实也就是小红书上所说的达人。他们基本上都拥有一定的专业知识或者是技能，且在各自的领域都有一定的粉丝追随者，能够树立起自己的专业形象，很快让大家信服。

如果进行一个形象的比喻，KOL 就是一个司令，而 KOC 则相当于一个小班长。

所以，很多品牌一般都喜欢找 KOL 合作，而把 KOC 作为一个基础性的补充。

其实不管是 KOC 也好，还是 KOL 也罢，最关键的是一定要把他们组合运用起来，以帮助品牌实现最大化的宣传和曝光。因为这里有一个成本的考量，如果你全部都用 KOL 的话，成本确实比较高，而且所能呈现的笔记数量也不多，这样就会使一些消费者不是很信服，但如果你全部都用KOC的话，虽然笔记数量看起来比较多，但是信服力方面肯定会比较差，所以很多品牌都会对他们按比例做组合投放。

3.5 什么是赞藏评

赞藏评就是小红书笔记下面的三个按钮，如果有人喜欢你的笔记就会点个赞，如果有人觉得你的笔记有收藏价值就会点收藏，以方便日后去看，如果有人觉得你的笔记可以互动，或他想表达自己的想法，他就会发表评论。

根据小红书的算法，点赞其实是最不值钱的，收藏次之，评论是最值钱的。一篇笔记的评论越多，就会得到越多的推荐，因为毕竟点个赞实在是太轻松了，愿意通过评论来表达想法的都是重度的一些用户。

所以品牌方在小红书上铺笔记的时候，可以适当地把权重向评论方面倾斜。

而且与抖音、快手不同的是，小红书的笔记可以带来很多长尾流量。比如你发了一个笔记，可能一个月、三个月、半年甚至一年都有流量进来，而抖音和快手基本上是推一天就不推荐了。

所以就流量的推荐机制而言，抖音、快手像是短跑冲刺，而小红书则像是马拉松长跑。

3.6 什么是收录

收录其实就是在小红书上发布的笔记，能不能被别人搜索到。如果你的笔记被收录了，那么别人通过搜索栏去搜索对应的关键词，就可以看到你的笔记；如果通过输入关键词或者笔记标题也搜索不到你的笔记，就说明没有被收录。

被收录的笔记能被更多的人看到，也有机会得到平台的推荐，而没有被收录的笔记别人是看不到的，只有自己和自己的粉丝能看到，基本上也不会得到平台的推荐。

当然笔记能够被收录是最好不过的，但是因为小红书平台也在不断地变换其规则，加上有时候会做一些整顿，所以有时候一些笔记没能被收录也算是正常现象。也就是说，不管是素人去发笔记还是品牌方去找达人合作，除非是官方报备的，否则都没有办法保证100%被收录。

还有一种现象就是，有不少笔记，如果我们只搜索品牌关键词是看不到的，必须加一两个词才可以看到。举个例子，如果我们搜索"华为手机"，可能有些笔记看不到，但如果我们加上"P20"这个关键词，有些笔记就可以看到。这就是长尾收录，它是收录的一种。

所以当我们搜索品牌名却看不到笔记的时候，可能并不是因为笔记没被收录，而是因为关键词的输入有问题。

3.7 什么是限流

所谓限流，就是限制流量。

现在很多品牌为了做推广，都会在小红书上投放很多笔记，有时候也会让消费者去分享。在这个过程中有些人就会问："为什么我的笔记看不到？是不是被限流了？"

关于限流问题，我和很多人都交流过，基本上有一半的品牌方和小红书玩家都遇到过这种情况。其实限流并不是真的限流，而是你违规了。因为平台不会无缘无故地对你限流，一定是你的笔记出现了问题，比如里面有一些敏感词、一些夸大的宣传、发了一些不能发的内容，或者是你私下给别人发了微信号导致账号违规，抑或是你私下发了一些不友好的东西被举报投诉了，从而出现限流这样的现象。

限流在抖音、快手这些平台上出现得较多，在小红书上也会遇到限流的情况，比如你发布了一篇笔记没有获得流量，没有人阅读，就说明你的笔记可能被限流了。在这种情况下，小红书平台并不会发信息通知你，而是会直接给予处罚。当然如果你是经常性的违规或者是出现了非常严重的违规，可能就会被封号。

在小红书上，"限流"主要呈现出以下几个特点。

3.7.1 阅读量骤降

一般素人发一篇笔记可能会有100多的阅读量，达人发一篇笔记可能就会有10万的阅读量。如果你是一个达人，发的笔记现在突然只有几百几千的阅读量，那肯定是有问题的。

3.7.2 笔记找不到收录

如果你被限流的话，大概率是因为你的笔记没有被平台推荐，被平台隐藏起来了，也就是没有被收录。这样的话，你的笔记就得不到展示，别人通过搜索引擎就找不到你的笔记，这其实也是限流的一种。

3.7.3 看不到自己给别人的点赞和评论

在小红书上，很多博主都会与其他博主进行互暖，也就是说A博主与B博主互相点赞评论。但是如果你的账号被限流的话，你可能就看不到自己的评论和点赞。

所以从严格意义上说，小红书并没有限流，而是你违规了。如果你没有违规的话，平台不可能因为你的作品好、想看的人多而限制你的流量。

如果你的笔记中出现一些违反广告法的字眼，或者是一些标题党，或者是一些敏感词，那么你就要对笔记进行修改了。

3.8 小红书的流量逻辑

相信每一个小红书博主发笔记都是想获得更多的流量,让更多的人看到自己的作品,而很多普通用户来看小红书,也是想看到自己想要看到的东西,这就涉及一个流量分发的问题。

在小红书平台上,所有的流量基本上都是围绕两个点运作的,一个是内容的垂直性,另一个就是社交关系。

这一点其实与抖音是比较类似的。大数据会给你看你想看的东西,而你不想看的东西它是不会推给你的。因为大数据知道你的时间比较宝贵,不想让你浪费太多的时间在搜索上面。

举个例子,如果你经常在小红书上搜索美食,那么你可能就会经常看到很多关于美食的笔记。

如果你经常看美食类的笔记,给一篇美食的笔记点了赞,进行了收藏,做出了评论,那么系统就会给这篇笔记做上标注,如果这篇笔记所得到的点赞、收藏、评论比较多的话,那么小红书平台的算法就会认为这是一篇优质的笔记,从而把它推荐给更多的人。

如果你是一个创作者,你的笔记十分优秀,小红书平台就会收录你的笔记,并且根据你的笔记所打的标签,把它推荐给喜欢此类标签的人。

与此同时,小红书还会根据你的定位,来向你推荐附近的内容或者是同城的内容,因为同城的笔记往往会得到同城的流量支持。

还有一点就是,如果你的笔记跟美食有关,那么平台会优先把这个笔记推给对这方面有兴趣的人,这就是基于社交关系的推荐。

如果用一句话总结小红书的流量逻辑,那就是:平台根据内容标签进行匹配,通过社交关系链进行推荐。

第4章 企业运营者怎样玩转小红书

当前很多企业都想做小红书,但是要将小红书做好其实并不像我们想象的那样简单,我们要对小红书的整体逻辑以及内容营销的整体玩法有所了解,才能做出适合品牌的内容推广。

4.1 企业为什么要做小红书

关于企业为什么要做小红书这个问题,其实是无须多言的。

据我所知,有一部分企业老板是知道小红书的,也在积极拥抱小红书,但也有一部分企业老板确实不知小红书为何物,或者对小红书一知半解。

曾经,有一个老板,因为他一直在做玩具出口业务,所以当我和他说小红书的时候,他根本就不知道那是什么。那时他刚刚启动国内市场板块,准备打造属于自己的品牌,于是我向他强烈推荐了小红书。

"我们为什么要做小红书?"当时那个老板问了我这样一个问题。

于是我告诉了他以下内容。

小红书目前有着3亿多用户,月活用户数2亿,其中18~35岁的用户群体占比高达84%,女性用户占比高达70%,而且"95后"人群占比也非常高。

以 2020 年度为例，小红书平台上产生的笔记达到了 3 亿条，搜索次数每天达 1 亿。从商业化的角度来说，这是任何企业都不会放过的平台，毕竟哪里有流量，哪里就有消费，而哪里有消费，哪里就会产生经济效益。

而且小红书的平台黏性特别高。在其他平台，例如抖音上，可能一百条视频当中，只有几条是与商品相关的，其余基本上都是段子或新闻，抑或是知识分享与随手拍，但小红书上几乎到处都是与商品有关的笔记，大家看到一个好的东西就想在小红书上分享一下，吃了一种好吃的美食也愿意在小红书上晒一下，给孩子买了玩具更是迫不及待地在小红书上晒一下。

小红书"标记我的生活"绝不是一句空话，正是因为大家爱晒、爱分享，才让小红书成为很多品牌起盘、发展、爆发的平台。

在当前短视频攻城略地的形势下，小红书独特的分享属性，依然是抖音、快手等无法攻克的堡垒，而且小红书拥有庞大的女性用户群体，这是其他平台根本无法比拟的。小红书平台的基因属性就是分享，而抖音、快手则不可能让平台到处都是关于商品分享的内容。

当下最火的几大 App 也各有分工，天猫和拼多多等就是买买买，抖音就是看新闻和娱乐的，小红书就是看好物的。

所以企业在小红书上种草，做商业化运营，其实有着得天独厚的优势。小红书就是一个商业的分享平台，一方面连接着爱分享的用户，另一方面连接着爱消费的用户。很多新品牌，一开始没有太多资金去宣传，小红书是最适合其进行冷启动的阵地，对于很多成熟的品牌来说，小红书也是让消费者看到其产品美好的宝地。

很多品牌不仅开通了小红书企业号，还开通了官方商城，通过组合官方账号的种草与素人、达人的种草，形成品牌传播的矩阵，依靠持续的种草投入来产生持续性的效益。

这就是小红书的魅力所在。

不管是从品牌宣传的角度来说，还是从引流的角度来说，小红书都值得企业去做。

4.2 小红书运营面临的难题

很多人都会问：小红书运营有没有难度？那么我想问：现在做什么没有难度？如果抖音、快手、淘宝、跨境都没有难度，那人人都可以成为高手了。那难度究竟在哪儿？让我们从以下几点来看看。

4.2.1 老板的思维

这其实一点也不难理解，很多新锐品牌之所以能迅速发展，与创始人或是高层领导有着莫大的关系。如果一个老板意识到小红书平台所蕴藏的巨大商机，愿意在上面种草，去推广自己的品牌，那么他可能就会让团队去深耕小红书。

我曾经和一些品牌的执行人员聊天，问他们有没有做小红书。他们说有做，但做得不多。我问他们为什么，他们说了很多隐晦的内容，但其实根本原因就是老板意识不到小红书平台的价值，这是很大的一个因素。有的时候团队想做小红书，也很看好小红书，但是决策时在领导层面被否掉了，自然就很难做起来。

所以，但凡想做小红书的品牌的，一定要从老板的思维着手进行变革，如果还想着传统电商的那套直通车、钻展，是融入不了小红书的，包括一些做直播的，他们卖着9块9、19块9，甚至是几十块钱的东西，你让他去做小红书？门都没有！

为什么？因为在这些人的意识中，就是想赚快钱。他们只想快速地收割，至于种草，那是不可能的事情！凡是有这类思维的人，基本上与小红书都是绝缘的。所以，老板的思维才是最最重要的因素。

4.2.2 资金的投入

如果一个老板愿意去做小红书，或者是有一定的意向去做，但资金存在问题，这也是很多运营人员都会遇到的情况，这里面涉及两个层面，其中一个就是团队建设的费用，要想做好小红书，只靠一个人是不太现实的，不管你是自己做种草，还是和第三方团队合作，都必须有专人负责，做小红书运营比较好的品牌，基本上至少有两个人在协作，一个写文案和一个做运营，而有一些公司只有"半个人"，这个人除了做小红书，可能还要做一些其他的杂事，就没有时间和精力百分百地投入进去。

另外一方面就是种草是要花钱的。不管是自己找达人合作，还是通过第三方机构去运作，如果没有一定的资金投入是不行的，毕竟现在不管是通过小红书官方，还是通过私下合作，一个拥有上万粉丝的博主，都至少要几百元起，有的甚至是几千元，所以如果想通过合作达到一定的效果，几万元的投入是最最基础的，很多品牌都是有了效果之后再持续复投，并不是说一下子就拿出几十万元来投，毕竟能这样做的品牌也为数不多，对于很多初创企业来说，持续性的投入是必需的。

所以这一块的费用，一个就是人员工资的成本，另一个就是达人合作的成本。所以一般来说，在不算人员工资的情况下，一个品牌基础性的月投入为2万元，成熟的品牌月投入上百万元的都有，所以这块也是根据品牌的实际发展阶段决定的。

4.2.3 种草的笔记没流量或是不被收录

在当下的小红书内容生态中，笔记不被收录是有很多种原因的，大部分原因是笔记中有敏感词，或是抄袭，或是账号违规等，有一部分原因是平台算法调整，这种其实是很常见的。

而流量的多与少，则取决于你的内容质量的高与低。任何一个平台，都会推送高质量的内容，毕竟没有一个平台想让用户看到的都是垃圾内容。

那么什么样的笔记才能够获得高曝光度呢？下面这一节我们会进行具体的讲解。

4.3 什么样的内容受欢迎

从我们总结的经验，以及我们在小红书上分析得到的数据来看，小红书受欢迎的内容除了美女、帅哥、美食、旅游几大类之外，还有好物相关。接下来我们就说说哪种类型的笔记内容受欢迎。

4.3.1 产品合集类

产品合集类的笔记是小红书上比较常见的类型。一般来说，在消费者不是特别清楚一款产品的特点或卖点的情况下，合集类的笔记可以让他们快速地知道某一类型产品的差别与好坏。

以口红为例，很多消费者都不一定有机会去店里购买，而是进行网购，更没有机会试色，那合集类的笔记就可以给想买口红的消费者提供一些具体的参考。合集里会有具体的说明，比如哪个品牌、哪个色号适合哪些肤质。这样一来，消费者就可以按笔记去购买适合自己的产品了。

这就是李佳琦为什么可以被称为"口红一哥"的原因了，因为他经常在直播间试口红，给很多女生提供了非常直观的视觉体验。

所以合集类的笔记是一种很有优势的内容形式，品牌方种草时可以大部分用单篇的形式，一小部分用合集的形式呈现，这样就会给人以专业感，如图 4.1 所示。

4.3.2 干货测评类

这一类型的笔记适合在推某一款主力产品时使用，通过达人的测评与使用体验来展现产品的质感、细节、使用感等，从而刺激消费者的购买欲望，提高其购买意愿，如图 4.2 所示。

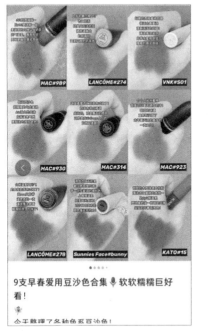

图 4.1 合集类笔记——备受欢迎的口红

图 4.2 干货测评类笔记——内胆包

4.3.3 好物推荐类

好物推荐类笔记也是小红书上较常见的笔记类型，多用于分享自己购买的一些有特点的产品。如果你的品牌同质化比较严重，好物推荐可以最大化地展示你的产品特色卖点，并进行深度挖掘，这对于想购买类似产品的消费者也可以起到提高其购买意愿的作用。

注意好物推荐尽量不要写得太商业化，可以加入一些个人的情感色彩，并融入一些幽默的语句或是好玩的内容，这样更显生活化，也是更有血有肉的推荐方式，如图 4.3 所示。

4.3.4 教程类

教程类笔记一般也是很受广大群体追捧的，比如化妆教程、穿搭教程、减肥教程等。这类教程往往会直击消费者的痛点，比如跟我学这三步，跟肚腩说拜拜。这种笔记会吸引想要摆脱腹部赘肉的女生看，甚至很多偏胖的男生也想点进去瞅两眼。

一般这种教程类笔记可以植入相关的产品，呈现给读者一个"希望"，毕竟每个女生都希望自己能够妆化得美美的、衣服穿得美美的。而一些技术类教程，像 PS 教程、剪辑教程、文案写作教程和穿搭教程等也很受欢迎，如图 4.4 所示。

图 4.3 好物推荐类笔记——百褶台灯

图 4.4 教程类笔记——韩系穿搭

4.4 企业号要发布什么样的内容

企业号是官方认证的标志之一,其目的就是增强消费者的信任,让消费者产生一种品牌感,而不是搜了半天品牌名,平台上白茫茫一片,什么信息都没有,其作用类似于以前的品牌官网。搜索有展示,这就是一种信任。

小红书企业号主要用于展示品牌形象,打造产品口碑,达到吸引粉丝的目的,或是开展一些活动、品宣等。但在实际操作过程中,很多品牌把自己的企业号弄得营销味十足,关于品牌的任何事都在上面发布,甚至公司开个会也要在上面发布,这样就适得其反了。

这就是说,企业号一定要有专业度,很多人关注你的企业号,要么是喜欢你的产品,要么是想学习产品相关的知识。偶尔放一些公司内部的消息是可以的,但如果天天说你的产品如何如何,我想没有几个人会喜欢这种刷屏式的广告。

做得比较好的企业号,一般都是通过以下几大板块进行运营的。

4.4.1 知识分享

一些做得不错的企业号,会专门发布一些与产品相关的知识,让消费者知道自己的产品可以让他们的生活更美好,这样就能得到更多关注,进而有所收获。

以宜家家居为例,其企业号除了节假日的活动以及抽奖互动的信息外,主要分享的就是家居的相关知识。例如:

收纳成长记;

夏日家居新装;

居家办公好物推荐;

……

如图 4.5 所示。

进行知识分享是提高粉丝黏性的一种方式。如果你的品牌有很多干货可以分享，不妨尝试一下这种方式。如果你是做化妆品的，不妨分享一些护肤技巧或相关知识；如果你是做母婴用品的，不妨分享一些母婴类的知识……总之，你是做哪个行业的，就分享所在行业的知识点。毕竟对于消费者而言，只要你分享的不是他们所在行业的知识，就都属于专业知识。

图 4.5 宜家家居的小红书企业号界面

4.4.2 产品宣发

在企业号上做产品宣发无可厚非，但最好不要采用很生硬或是很尬的广告，而应进行软性植入，比如结合一些相关知识。

以化妆品品牌自然堂为例，其小红书运营主要是从产品推介部分以及明星相关资源着手。明星是一个很好的引流抓手，如果你的品牌没有明星资源，那就围绕产品本身在宣传上多下功夫。

如果你有明星代言或背书，就可以把明星与产品结合在一起，把明星的一些资源发布出去，如图 4.6 所示。

如果你没有明星的话，就紧扣产品，巧妙地进行软性宣传。比如下面这个软性笔记：好嗑这个"续命"好物和熬夜太配（其实是在推荐品牌的小紫瓶熬夜精华），如图 4.7 所示。

图 4.6 自然堂与明星的视频合作内容

图 4.7 自然堂的软性笔记标题

4.4.3 抽奖互动

抽奖发福利也是很多企业号经常做的事情,毕竟时不时地配合节假日来一波抽奖福利,发布与产品有关的内容或是与活动相关的内容,让消费者参与其中,有利于提高企业号的黏性。

4.4.4 达人背书

小红书上很多品牌方都与一些达人合作,达人的笔记是可以复制过来放在企业号上的。这样企业可以利用达人的影响力,来安利自己的粉丝,获得意想不到的收获。

小红书是允许企业号复制与自己品牌合作的达人的笔记的,不会被判为违规抄袭,但是必须标明来自哪一个达人。"搬运"合作达人的笔记,可以让企业号的内容更加丰富，从而吸引更多粉丝。

4.4.5 其他

企业号可以每周发一到两次关于企业的一些事情。很多时候消费者只是能够接触到产品，但对于企业内部的事情一无所知，如果可以将一些产品的生产工艺流程，或是员工的交流互动发布出来，就会吸引消费者。从心理学上来说，这是一种"窥探"，毕竟很多人还是相当有好奇心的。

有的品牌平时发与产品相关的笔记，阅读量一般，但一发企业内部的事情，或是办公室趣事，阅读量就会大增。

这种类型的内容就像是调味品，偶尔插入一个，可以激发人们的新鲜感。

4.5 什么样的产品适合做小红书种草

前面我们已经提到，小红书是一个女性用户占比很高的平台。

在过去小红书的用户占比上，我们可以看到小红书的用户群体其实是偏年轻化的，30 岁以下的群体占比非常高。而且在这些群体中，一、二线城市的用户占比整体能够达到 50% 以上，三、四线城市的用户占比就低一些。由此可以看出，小红书的用户主要还是集中在经济发展水平高的区域。

而且从消费能力上看，小红书的用户中，中等及以上消费人群，占到 76% 左右，而低消费人群连 30% 都不到。也就是说，玩小红书的群体，消费能力还是很强的。

根据以上数据，关于哪些产品适合在小红书上投放，相信大家已经有一个明确的概念了。

4.5.1 你的产品一定要有价值感

毕竟玩小红书的人，都希望买到真正有价值感、能够拿得出手、可以在朋友圈晒的产品。当然如果是小众产品也没有关系，只要你的产品品质过硬、价值感强、颜值够高，有独特的记忆点，那么在小红书上就很容易出彩。

如果你是做山寨货、便宜货、9块9包邮的那种，在小红书上其实就没有多大意义。毕竟平台会考虑自己的调性，而且小红书早期就是靠发布海外好物的内容起家的，当然不希望把自己的身段放得太低，所以山寨货和低价值感的产品，基本上不太可能获得太多的流量。

4.5.2 你的产品要符合女性的受众群体

这一点很好理解，因为女性是小红书的主力用户，如果你的产品跟这一群体比较契合，又与她们的消费能力相匹配，是完全可以在小红书上做投放的。

但最新的调查显示，小红书上的男性用户已经达到30%。这是一个很值得关注的数据，说明一些与男性相关的产品也是可以投放的，只不过因为整体大盘还是女性居多，所以这里仍集中于女性消费品领域。

一般来说，家居用品都是很受女性欢迎的，如收纳包、收纳盒、创意风扇、创意厨具等都能俘获女性用户。比如当年风靡女性群体的戴森吹风机，在小红书和抖音平台的热度就非常高。

母婴类产品也很受女性欢迎。很多准妈妈和宝妈们，都喜欢在小红书上查找与母婴相关的一些产品和知识，所以这一块也是可以的。另外还有一个板块，就是与儿童相关的一些产品，比如儿童玩具、儿童书籍、儿童营养品等，毕竟做出购买这些产品决策的人群还是以女性为主。

在以往大家的观念中，小红书主要是护肤品、彩妆、服装等女性用品品牌种草的前沿阵地。其实目前，小红书的类目已经扩展得非常多了，基本上每一个细分领域都有涉及。

根据小红书官方发布的内容分类明细可知，主要涉及以下方面：美妆护肤、服饰穿搭、潮流活动/艺术、菜谱/美食 DIY、旅游、本地生活/探店、教育/学习方法、情感/心理健康、人文艺术、职场技能、商业财经、科学科普、Vlog、母婴/亲子、运动健身、影视/综艺、动漫、明星八卦、兴趣才艺、音乐、数码、摄影、家居家装、宠物、游戏、素材/壁纸/头像/表情包等，如图 4.8 所示。

图 4.8 小红书官方发布的内容分类明细

前面提到小红书的男性用户占比越来越高，所以很多男性产品也开始在小红书上出现，而小红书也专门开辟了一些男性的内容板块，如果你有合适的产品就可以去做。总而言之，只要你的产品足够有价值感，又很有意思，都可以在小红书上推广。

2021 年，小红书上有一个类目的内容增长得非常快，那就是汽车领域。尽管汽车属于直男的品类，但汽车领域的内容在小红书上的增长让很多人都意想不到，而且与汽车相关的笔记在小红书上也是成倍地出现。

像我们所熟知的五菱宏光，也算是国民级神车了，其在小红书上投放的笔记和消费者主动分享的笔记已经达到 3 万多篇。

五菱宏光新出了一款 MINIEV 马卡龙汽车,这个系列靠着超低的价格和酷炫潮萌的颜色,吸引了很多女性朋友的关注。虽然这款车遭到一些汽车测评人士的不断吐槽,但依然挡不住它的火热,刚上市 200 天销量就突破了 20 万,月销量破 3 万,这让特斯拉这样的大佬都羡慕不已。

在小红书上,五菱宏光曾发起一个叫"宏光 mini 马卡龙"的话题,引起了很多人的追随,并在年轻人中刷了一波好感。仅此一项的笔记就达到 2.5 万篇,话题阅读量达到 600 多万,如图 4.9 所示。

图 4.9 五菱宏光 "宏光 mini 马卡龙" 的话题笔记

如果你在小红书上搜索这个话题,可以从它的笔记中发现,一些是官方和达人主动发布的笔记,其他的就是不少买车用户所发布的分享笔记。这就是主动营销,品牌方制造话题炒热度,吸引普通消费者跟风,从而引发大众讨论。

其实不只是五菱宏光,像特斯拉、奔驰、宝马、奥迪这种很直男的产品在小红书上都有很多笔记。这说明只要是好物,大家都愿意在小红书上分享,无论它的使用对象是谁。

我身边也有不少男性朋友在玩小红书,我问他们在小红书上看什么,他们说就是看看有没有什么好东西适合男士用的，比如止汗剂、潮服、运动器材等，然后看看有没有教程之类的，比如设计类教程、知识类教程。

除此之外，美食类或是减压类笔记在小红书上也比较火。比如抖音上很火的一个美食博主叫"麻辣德子"，他在小红书上也比较火，拥有200多万粉丝，如图4.10所示。

这就说明，不同层面的人都会看小红书。这也意味着，无论在哪一个细分领域，只要你的产品够好，都可以在小红书上找到对应的用户群体。

所以只要你愿意分享有温度的产品，就可以去小红书上尝试。不管是国货还是进口商品，老品牌还是新品牌，都可以在小红书上找到属于自己的内容生态。

图 4.10　美食博主"麻辣德子"的小红书主页

至于那些坑蒙拐骗、卖狗皮膏药的还是算了吧，小红书不符合他们的需求。

4.6　品牌方应该怎样做小红书种草

关于这个话题，从新媒体运营者到企业老板基本上都跟我聊过。

其实品牌方做小红书种草并没有那么复杂，只需要盯着结果，以终为始进行倒推，就能得出明确的答案。

4.6.1 做好你的企业号

在前面我们已经提到过企业号,它的目的就是提高消费者对于品牌的信任度。因为当你把官方号放在小红书上时,消费者就会觉得你的品牌是靠谱的品牌,起码是经过小红书平台认证和认可的品牌,并不是一些山寨品牌或者是野鸡品牌。

企业可以在小红书上注册三个企业号,每一个账号的审核费用是600元,一般在5个工作日内审核完成,品牌方可以根据自己的实际需求来操作。

4.6.2 选好你的产品

我曾经接触过几家企业的负责人,他们当时关于产品给出了一些预算,因为他们之前有些是做传统渠道的,有些是做传统电商的,所以喜欢推爆品,有的时候几款产品一起推,最后哪一款产品爆了,就把费用投向哪一款产品大力去推。

所以他们总是会这样说:兄弟,我有几万块钱的预算,你帮我投一下小红书,做四五款产品。

听完之后,出于对品牌方的尊重,我一般是先不回答,即先沉默一段时间,然后问他:这几款产品,哪款是你们认为最好的,或是你们最想推的?

如果他们回答是其中的一款,我就会着重跟他们去讨论这一款产品,如果他们回答这几款都想推,这个事情就比较难办了,因为这样做最终的结果往往是失败的概率比较大。当然,除非是家里真的有矿。

把几款产品在小红书上一起推,不是说不可以,而是需要强大的资金支持。因为这样必定会分散资金,让你的种草内容难以聚焦,如果消费者搜索你的品牌,可能一会儿看到一款洗面奶,一会儿看到一款乳液,一会儿看到一款面膜,以至于不清楚你的产品哪一个是王牌产品,这往往会给他们带来决策上的困难，即使不搜你的品牌，只搜你的产品品类，也会因为笔记量少而放弃选择你的产品。

如果非要一起推几款产品，第一是要把资金准备足，第二是要尽可能地分阶段去执行，第三是要在投过一段时间后，从中优化出数据好的产品，慢慢弱化甚至不推数据不好的产品。

所以集中优势力量去推主力产品，才是大多数企业的正确选择。

4.6.3　素人和达人组合推广

曾经有一个品牌方为了省钱，问我：象哥，我如果做小红书种草，只做 200 个素人行不行？其实不是不可以做，做素人相对来说还要简单一些，但是做素人有一个问题，就是素人账号的权重不高，一旦遇到平台调整，可能会损失掉很多笔记。而且素人做的笔记质量不高，且他们维护账号的意识相对比较弱，所以如果全部做素人的话，会出现品牌形象参差不齐的情况，会让消费者觉得你的品牌有一些杂乱，不靠谱。

所以我们可以适当地用素人，但不要把宝全都压在素人身上，毕竟做小红书种草就像参加高考，并不是人海战术以量取胜。这就好比你喊来 200 个学渣和一个学霸 PK 考试成绩，那最终的结果可想而知了。

专业的事情还是需要专业的人去做。素人账号其实就是做一个基础量，占一些关键词，这是它的意义所在。真正能够让品牌对消费者产生比较好的影响的，还是一些达人号，达人号粉丝量多、账号权重高，而且出品的质量也相对比较高，对整体品牌形象的拉动和树立有着重要的作用。一般来说，将素人和达人账号组合起来推广才是比较好的方式，这样既可以兼顾笔记数量和关键词的占位，又可以顾及品牌的整体声量。

4.6.4　注意带上标记

很多品牌方在与达人或素人合作时，只是要求达人或素人拍图、写文、发布，往往会忽略一个很重要的功能，这也是 90% 的品牌方都会忽略的，就是小红书笔记的标记功能。

标记功能非常实用。当你在发布笔记上传图片的时候，底部会出现一个标记，只要在标记上输入对应的文字，就可以帮你绑定用户、产品或者地点（店铺地址）。

品牌方在种草的时候，可以在自己的官方账号上标记出笔记中所提及的商品，这样用户看到这篇笔记时，就可以通过图片上的商品标记，一键跳转到商品详情页，从而提高成交概率，如图 4.11 所示。

品牌方在与达人或素人合作时，可以要求达人或素人在上传图片时带上标记，标出品牌的官方账号，这样用户看到这篇笔记时，点击标记就可以跳转到品牌官方小红书账号上，如图 4.12 所示。

图 4.11 通过图片上所带商品标记可一键跳转至商品详情页

图 4.12 点击图片右上角的品牌标记可跳转至品牌官方小红书账号

当然，要想让消费者进店消费，那么标记可以带上你的店铺地址，这样消费者点击后就可以知道你的店铺在哪里，从而提高消费者进店的概率。

不过需要注意的是，目前标记只能用于图文笔记中，视频笔记是无法标记的。使用了标记功能会给品牌带来更多的曝光量，希望小红书运营者在这方面多多留意。

4.6.5　做好你的笔记种草

目前，小红书的笔记种草基本上分为两种方式：一种是单品种草，就是围绕某一款产品进行阐述；另一种是合集，这个在前面已经提到过，就是找几个类似的品牌或者是竞争对手的品牌，通过合集的方式来突出自己产品的优势。

其实就是把一帮友商的产品和自己的产品放在自己的笔记中，然后通过艺术化的语言去拔高自己，注意，这个不能用企业号去操作，可以用普通账号或小号去操作。

而且合集种草的产品，一定要选择知名度比自己产品高的品牌，尤其是要和知名品牌去比较，因为知名品牌的关键词出现在笔记当中，会为笔记带来很多流量，毕竟知名品牌的被搜索量很大。

之前有一个品牌方是做电动牙刷的，他们的负责人在寻找一家机构给他们种草时，很愤怒地说对方把他们写得不够突出，然后提了一个让我们听完都哭笑不得的要求，他说：你们做合集的时候尽量把我们的竞争对手说得差一点，这样才能突出我们的好。虽然从客观角度来说，他们的产品和知名品牌相比，在品质上并不逊色，但是如果按他的要求去做，肯定会引发一些问题。

毕竟过度说别人的产品差的话，会引起消费者的怀疑，让消费者觉得你这属于小人性质的广告，为了抬高自己，使劲地贬低他人，而且如果你把别的品牌写得差的话，其负责人可能会投诉，这样可能会导致你的笔记被封禁。当然，小红书平台也明确提出不允许出现恶意贬低对手的行为。

毕竟中国人的处世哲学是以和为贵，做合集种草就像是和一帮大咖合影，就算你是无名小辈，在外人看来，能与大咖为伍，就绝对不是一个菜鸟，如果你还在这里对大咖说三道四，那就不太厚道了。

4.6.6 视频优于图文

这一点很好理解。毕竟在短视频比较火爆的当下，小红书作为一个内容分享平台，也希望能够在短视频领域分得一杯羹。现在小红书的板块布局直接分为图文和视频，想看视频的用户可以直接点击视频模块，想看图文的用户可以直接点击图文板块。

而且小红书会给视频推荐很多流量，这也算是小红书在短视频领域的一个突破与尝试。当然，做视频相对来说比较复杂，不过不管是和达人合作还是和素人合作，视频笔记的价格要高于图文笔记的价格，所以品牌方也可以根据自己的实际情况去考虑怎样操作以及做配比。

4.7 你的品牌需要从 0 到 1

小红书现在隶属于新媒体范畴，而新媒体运营是这几年才很火的。虽然早期已有微博等一些新媒体，但那时只有一部分品牌在其上做品牌投放，真正的全民皆新媒体还是从小红书、抖音、B站、快手这些平台迅速崛起的时候开始的。新媒体运营成为很多公司标配的岗位，也就是这三四年的事情。

原先做传统电商的人，已有很多向新媒体转型，毕竟新媒体不只是媒体，还代表着新的流量池与新的机遇。

其实品牌从 0 到 1 的过程，是很多公司都面临的一个问题。过去一些很有名的品牌，只是在传统的渠道，比如在电视广告、公交车站广告牌等平台上有所露出，但是随着品牌的老化以及与年轻人的沟通互动变少，这些在过去很牛的品牌慢慢淡出年轻人的视野。

而一些新晋品牌，比如一些新的进口品牌，或者是一些新创立的国货品牌，因为本身没有太多的基础，也没有很高的知名度，所以从 0 到 1 的打造需要一个过程。

其实从 0 到 1 需要做的工作比较多，但毕竟这本书主要是讲小红书的，所以我就重点说一下品牌在小红书渠道如何实现从 0 到 1。

从 0 到 1 的过程，归根结底就是从认识到认同的过程。

4.7.1　品牌符号的建立

品牌要想让消费者认识自己，首先必须做一定的宣传，毕竟现在再好的酒，如果没有宣传，也只能在那条深巷子里散发出寂寞的香味。

如果你的品牌在小红书上是一个年轻的品牌，一定要想方设法与年轻人沟通，让年轻人喜欢，所以不管是品牌的 logo、产品的包装设计以及传播的方式、功能的卖点、痛点的解决，都最好能跟年轻人产生共鸣，而且最好能找出一个让消费者一看到你的品牌就能想起的记忆点，比如看到王老吉就能想到防上火、看到钟薛高就能想到高端和瓦片造型。

总之，不管是从卖点上，还是造型上，抑或是定位上，要找出一个能让消费者记得住的点，然后整体的推广宣传围绕这个点去打爆，就会让品牌的宣传更深入人心。

4.7.2　账号矩阵的打造

当前，有一些公司做推广完全依靠企业号。前面我们已经提到过，企业号是一个权威的账号，可以与消费者做很多互动。但是有些品牌因为调性的原因，不适合通过企业号去发声，那么此时构建账号矩阵就显得尤为重要。

公司可以注册几个以个人人设为主的小号，平时用来发一些跟自己产品有关的知识类内容，注意不一定全部都是广告，偶尔可以带一下产品，最好是把账号做成一个人设，看起来就是普通用户用的账号，这样能够帮助公司在早期积累一定的笔记数量，但它也有一个弊端，就是需要一定的人力去做这项工作。

那么起号的数量，个人建议根据自己公司的情况决定，3～10个都可以。

很多公司的员工平时只是看小红书，自己并不怎么发，如果可以把这些人全部动员起来，也是一笔不小的资源。之前认识一个人，他的公司有五十多个员工，他把公司有小红书账号或是愿意玩小红书的人全部动员起来，每个月给他们适当的补贴，比如发一篇笔记给十块钱，或者是给一些产品的福利，并以此作为公司考核的硬性指标，公司哪怕只有十几个人参与其中效果也是可以的。

4.7.3　与素人及达人合作

企业根据实际情况，可以做一定的素人和达人的投放。

如果你的品牌有一定的笔记基础量，可以找一些中腰部或者是头部的账号去合作；如果你的品牌没有基础量，可以先做一部分素人，然后去搭配中腰部的达人。切忌一上来就从中腰部做起，因为中腰部的费用都不低，在有限的预算内基本上做不了太多的量，这样消费者一搜索，看到只有几篇或十几篇笔记，就会觉得你的品牌不靠谱，所以一定要先做基础性的素人，然后做达人，二者结合，相得益彰。

4.8　0粉小红书账号能不能去做推广运营

从小红书的层面来说，如果一个账号的粉丝不到一千，那么笔记的阅读量和粉丝数量相差并不是很多。也就是说，0 粉跟几百粉账号笔记的阅读量相差并不大（运气好的爆款文章除外）。

0 粉小红书账号的作用其实主要是布局关键词，因为很少有消费者会直接搜索品牌名去看笔记，除非是知名品牌，如果是非知名品牌或者新品牌，消费者根本都不知道品牌名称，对关键词更是不了解了。

在当前很多账号注水严重的情况下，0 粉账号是一个比较特别的存在，因为它没水可注。

曾经有一个牙膏品牌，属于一个知名药企下面的品牌（出于对商业竞争的考虑，品牌方一直不建议我发出其品牌名称，所以这里也隐去），但是因为这个品牌是一个新品牌，我给出的策略就是初始阶段布局关键词。

如果直接布局"牙膏哪个品牌好"这类关键词（见图 4.13），可能会出现 10 多万篇笔记，这意味着我们必须投至少几千甚至上万篇笔记才有可能出头。这不管是对资金，还是对人力，都是极大的考验。这其实是比较难操作的，除非你是土豪。

图 4.13 竞争激烈的关键词"牙膏哪个品牌好"

当时我给出的建议是设置以下关键词："牙齿怎么才能变白""什么牙膏更好用"，选择这样的长尾关键词，竞争就相对较小（见图 4.14）。之所以这样做，就是想告诉大家一个道理：当一条前进的道路上挤满了人时，我们不如自己开辟一条新的道路。

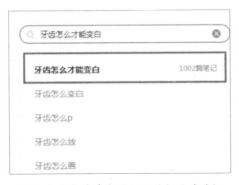

图 4.14 选择竞争相对较小的长尾关键词

图 4.14 中的这类关键词是消费者最有可能会搜索的,那么我们在笔记中植入它们,就可以实现最大化的曝光。

所以干任何事情都要讲究策略,否则就没有明确的方向。

做完素人,就要开始进行组合性投放,将目标聚焦于达人,再使用一些大号,这样才更有目的性。因为投了一定量的素人之后,品牌的关键词以及相关的关键词就会变得丰富,如果直接用大号,可能会出现很多问题,比如消费者只看到一两个号上有你们的产品,就会觉得特别奇怪。

有些品牌方想通过一两百篇笔记来呈现大量的内容,这其实是不太可能的。如果真的有这么容易,很多品牌运营中心每年投入几十万、上百万乃至千万块的费用,岂不是打自己的脸。

罗马不是一天就建成的,所以 0 粉并不意味着没有阅读量,只是阅读量比较少,但所呈现的内容还是不错的。假如一个 0 粉账号的阅读量最低按 100 来算,100 篇就有 1 万的阅读量,更何况很多号不可能只有 100 的阅读量。

所以 0 粉和粉比较少的号,其意义就在于布局关键词,我们可以看哪些热词和长尾词比较受欢迎,然后通过 0 粉之类的号植入笔记中,这就相当于以量霸占关键词。

4.9 从同事吐槽联想到品牌怎样做小红书运营

一次,有个前同事跟我聊天,说这年头在品牌方做推广好难,他感觉自己挺努力的,整天要写文章还要弄图片,甚至去找账号,折腾一天干不了多少实事,最主要的是他跟老板说找人合作,老板却嗤之以鼻,认为已经花钱雇他来干这个岗位了,还去外面找人合作是多此一举,我这个前同事一肚子委屈。

然后我就跟他说:这种现象不是很正常嘛!

作为老板,如果没有这种想法,才很奇怪呢!毕竟老板也不容易,要想着怎么赚钱,还要想着怎么让钱花得更有效。

我相信做品牌的可能经常都会自问:我要在哪里找流量?我要怎样去引入新的流量?毕竟现在天猫、京东等平台,引流成本已经到了非常高的地步,所以很多人就想通过新媒体去引流,比如小红书、抖音、快手、B站等。

在小红书上,大家常用的手段就是种草,有的可能会注册一个企业号,然后入驻小红书商城;但是很多品牌只有一个企业号,也没有入驻小红书商城。

随着近几年的发展,小红书逐渐有了一些变化,以前只是做海外代购的推荐,这两年开始做生活类内容的一些分享,也就是售卖一种生活方式、一种调性。其实正是售卖调性阻止了小红书商业化的进程,毕竟现在很多消费者只是喜欢看,而不喜欢直接在上面下单。比如我的几个表妹,都是"95后"和"00后",我问她们会不会经常玩小红书,她们说会玩啊,除了小红书,知乎、微博、B站都玩。但只是在上面看,然后去天猫、淘宝或者京东上购买。

那么对于品牌方来说,小红书的意义在哪里?其实它的意义就在于内容营销种草,让消费者看了之后,到别的平台去购买。

但很多品牌在小红书上做一段时间之后,就会发现品牌方自己种草往往面临几个问题。

4.9.1 账号的问题

账号是种草的根本。如果你没有太多账号去铺笔记，那么种草就会有些困难。一般情况下，一个公司最多只能注册十几个账号，如果你每天都发品牌的那几款产品，很快就会让别人觉得厌恶。所以你可以像我前面所说的，动员公司的员工或与第三方机构合作，将产品的内容融入进去，不要纯粹为了打广告而打广告。

4.9.2 图片的问题

很多品牌会选择与第三方机构合作，通过素人或达人去种草，这时需要寄样品给素人或达人。有一些品牌觉得寄样品给素人或达人，数量少的话还好解决，如果是成百上千那成本就太高了，只能提供图片给他们。如果一个笔记需要三张图的话，一百个账号就需要三百张图，这样一来图片也是一个问题，毕竟小红书要想拍好一些图片，还是非常耗精力的，总不能在一个固定的空间拍一堆太相似的图片吧。为此，有一些品牌的解决方式是这样的：让公司员工带回家去拍，或请淘宝专门的拍图机构去拍，有兴趣的朋友可以在淘宝上搜索一下看看。

4.9.3 出爆款的问题

其实很多品牌用自己的账号很难出爆款，倒不是说它们的内容不够精彩，而是小红书有自己的推送规则。基于此，账号运营时就需要一些特别的技巧。就像天猫运营进行刷单一样，其实跟产品的好坏没有关系，只是运用了平台推荐的规则。也就是说把量刷上去，将数据做得好看一些，这样就会被平台判定为是一个有潜力的品牌，就会获得流量。

之前有一个做帽子的品牌方，其负责推广的人员曾私下里跟我吐槽：老板让我搞了十几个手机号，然后天天发那些文章，我发得都快吐了。

其实我一点都不想发,太机械了,又没什么效果,而且每当我想找一些大号或者机构合作需要用钱的时候,老板就一副很不开心的样子。

其实很多品牌方老板都存在这样的思想,他们不明白有些东西是省不下来的。就算是注册几个号或者用品牌的企业号轮着去发,过一段时间也会发现这种效果是微乎其微的,为什么?因为企业没有这么多号,即使天天去发也很少有人看,除非是铁杆粉才有可能去看,而且运营生产内容的成本也确实比较高。

这是以前很多品牌方在跟我讨论时经常吐槽的一个问题,说发笔记不容易,一年到头累个半死,可能才会突破300篇,这个量太少了。而且没那么多号,一个号总不能天天去发同样的内容吧,让别人一看就觉得很假。

确实是这样的,因为在小红书上种草,关键就在于分享。既然希望能有很多人分享,就需要用很多账号,比如素人账号、百粉账号、千粉账号、万粉账号,甚至一些明星账号一起帮你做。

只有这样,效果才会更好。有些品牌方,一开始就会要求机构帮忙找一些万粉账号、十万粉账号、百万粉账号。面对这种情况,很多时候机构都会比较尴尬,因为虽然也可以这样去做,但是不利于品牌的长期合作。在直接上大的账号的情况下,消费者如果在平台上搜索你的品牌,发现只有几个明星在推,根本没有别的消费者在推,就会觉得很奇怪,从而产生警惕心理,结果是得不偿失。

而且很多老板还会问一个问题,就是我们品牌的笔记能不能出爆款。

关于这个问题我的说法是,爆款笔记可遇不可求。因为这个和抖音上热门类似,谁也不能有绝对的把握保证这篇笔记会成为爆款。

关于爆款笔记的打造我在后面会专门提到,我们只要按照正常的写作方式,从选题到内容再到图片的处理都达到最优状态,那么就有很大的机会成为爆款笔记。

有些老板会说,某某某机构和我保证他们投的笔记一定会成为爆款,其实这种保证听听即可，因为但凡能保证百分百成为爆款笔记的，大多是两种方式，一种就是把笔记投了薯条，也就是花钱买推广；另外一种就是使用一些灰色的手段对笔记做了手脚，也就是刷赞藏评。如果想成为自然生成的爆款，核心还是优质的内容。

另外，一定要注意关键词，因为有些关键词的热度非常高。如粉底液，粉底液在小红书上至少有十几万篇笔记，如果想一下子从中跳出来，是非常难的。与其这样，还不如做一些长尾的关键词，比如我就避开"粉底液"这个热词，而是铺10个长尾关键词：

粉底液怎么用？

粉底液和BB霜的区别在哪里？

哪种粉底液最为服帖？

……

对此，品牌方也会算一笔账：请一个人专门运营小红书，每个月工资至少要几千块钱，而且一个人单打独斗的效果肯定不好。所以，品牌方也挺不容易的。

但是不管怎样，做小红书都需要有一个人对接。其实对接工作并不复杂，有的时候让自己公司的行政做完全没问题，每天只需用半个小时到一个小时去审核一下链接就可以了。如果有团队，最好是更深入地去做，毕竟现在推广平台不只有小红书，还有知乎、B站、抖音、快手等。

所以，品牌方要有意识地改变一下自己的思想，因为有些东西确实是省不下来的。我自己对此也深有感触，就是很多品牌方的推广人员确实经常会为一些费用头疼，这并不是说他们能力不行，而是确实没有太多资源。就像很多大品牌，如果不打广告不砸钱，而是全靠口碑，根本就不现实。毕竟所谓的口碑，都是建立在有一定品牌知名度的基础上。这世界上只靠口碑的营销，只不过是一碗毒鸡汤罢了。

4.10 企业小红书运营团队配置

前面我们提到了品牌方做小红书时经常会遇到的一些问题,这里我们说一下关于企业小红书运营团队的配置。在现实生活中,很多品牌方做小红书运营都是一个光杆司令或"半个人",这种情况是比较常见的。但就一些小红书做得不错的企业而言,运营小红书是靠整个团队,即会有几个人一起运作。其实团队运营并不仅限于小红书,还包括抖音、知乎等平台,这取决于品牌方在用人成本方面的预算。

一个成熟的小红书运营团队一般会包括以下岗位:

内容运营:主要负责对接素人和达人,选拔账号、派发任务及审核链接;

文案策划:主要负责写一些范本和校对素人与达人出品的图文或视频内容,并策划一些话题活动;

直播运营:主要负责小红书店铺直播的相关工作;

图片与后期:主要负责生产图片和修图、P 图等相关工作;

店铺运营:主要负责小红书平台上除付费达人之外的媒介宣传,如信息流以及后期的数据维护和跟踪等。

上面是小红书运营团队的一个基本的岗位配置,当然很多时候有一些岗位是可以合二为一的,比如文案策划和内容运营由一个人负责、直播运营和店铺运营合为一个岗位。企业可以根据自己的实际情况操作。

如果是资金充足的大品牌,主播、客服等都是可以配备的人手。

如果是处于初始阶段的品牌,大可不必铺张浪费,毕竟还有待慢慢发展,可以通过一些激励机制,如全员推广或让文案去兼做运营的工作。这样一方面可以锻炼团队,提升员工的职业能力;另一方面可以节约部分成本,等整体盘有起色后,再把团队细分裂变,并安排专业的人手。

4.11 为什么品牌从直播带货回流到做内容营销

不知道大家有没有发现，当下有很多品牌开始回流到做内容营销。这是为什么呢？

这是因为虽然现在直播带货很火，但如果不是品牌自播，而只是与第三方机构合作，则坑太多，而且很多时候品牌方根本赚不到钱。这种方式可以玩一两次，但玩久了，对品牌而言无异于饮鸩止渴。也有很多品牌因为被直播带货坑了很多钱，而变得心寒。我认识一些朋友，他们被直播机构坑的钱，少则几千、几万元，多则几十万、几百万元，甚至导致有些店铺出现因直播恶意刷单被扣分的现象。

有一个朋友向我透露，某行业的一个知名媒体，算是大牛级的行业媒体，居然也被直播机构坑了六七百万元。起因是这家直播机构对这个大牛级的行业媒体说：你多找一些行业内的品牌，我帮他们带货，转化率可以达到1:3，到时分佣给你。这个行业媒体一听，觉得不错，于是就通过自己的资源，向平时合作的品牌收钱，几十个品牌，每个收几十万元，总共收了有七百万元，然后打给了直播机构。这个直播机构找了几个明星开始直播，谁知结果十分惨淡，根本就没卖出多少货，而且很多都是刷单之后再退。后来见瞒不住了，这个机构直接把收来的钱挪作他用了，导致追款十分困难。试想一下，一个大牛级的行业媒体都有如此惨痛的经历，那很多中小品牌，尤其是急需流量的创新品牌，肯定也是踩了不少坑的。

其实想一想也不难理解，毕竟像李佳琦、罗永浩，包括之前因偷税漏税被查处的薇娅这样的一线直播巨头，其实赚的就是供应链或者品牌商的差价，那么其他机构怎么赚钱呢？只能是割品牌方的韭菜了！

也就是让你交坑位费或者高佣金之后，想尽办法从你手里把钱弄出来。所以很多品牌方上当受骗，交了很多学费之后，都开始变聪明了。更何况现在不管是抖音还是快手，都开始大力推广品牌自播，也就是店铺自播。

店铺自播对于品牌方来说是相对比较友好的，很多品牌方都在把握这个机会。但品牌自播也是要有基础的，正如本节标题中提到的很多品牌从直播带货回流到做内容营销，这并不是说他们不做直播了，而是他们开始做自己的直播，并且用内容营销去支撑直播。

当然有些机构是纯佣合作，纯佣就说明他们有实力带货，否则动不动就要收高坑位费的，只能说明他们没实力而只是想圈钱。

如果你是一个新品牌或者不知名品牌，在互联网上的痕迹一空二白的情况下想完全靠做直播进行营销确实会比较困难，这时做内容营销就显得非常有必要。内容营销是对直播的一种补充和促进，二者并不是矛盾体，而是相辅相成的。而且内容种草是会在网络上留存的，直播结束之后基本上就没什么人去看回放了。

所以不管是小红书、抖音、快手、B站、知乎等平台，还是微博，只要肯去做，绝对是会有收获的。

很多直播做得比较杰出的品牌，一方面与产品有关，另一方面和内容的铺垫有着很大的关系。他们基本上都会在小红书或抖音等平台上进行先期种草，同时进行直播以及各种付费的推广，而这样做就能汇流成河，更有成效。当然小红书平台也是可以开直播的，等笔记有了一定的基础，再配合小红书直播，就相当于有了一个转化的渠道。

第 5 章
企业怎样选择合作账号

在当下中国的互联网生态中,小红书绝对是一个绕不开的话题。毕竟没有哪个平台能够像小红书这样聚集了如此多高消费能力的女性群体,也没有哪个平台能够像小红书这样可以让一个新品牌从默默无闻到家喻户晓。小红书的魅力不仅在于对消费者如此,对品牌方也是如此。

5.1 企业自己找账号合作靠谱吗

企业自己找账号合作分为两种情况:一种是企业自己找一些素人(KOC)合作,另一种是企业自己找一些达人(KOL)合作。下面对这两种情况分别进行说明。

先说说企业与素人合作。2021年7月,有一个人通过我的公众号"象哥说"找到我,还加了我的微信。我问他有什么需求,他说他入职一家食品公司已经两个多月,他的试用期是三个月,他平时除了做一些文字性的工作以外,也做新媒体运营,主要就是做小红书。前段时间,老板给了他一部手机和一个账号,要求他在一周之内要加到300个1000粉以上的达人。

他说他用了一周的时间只对接到了40多个,觉得每天在这方面消耗大量的时间,却做着无效的沟通,如图 5.1 所示。

我问他是怎么沟通的,他说用公司给的这个手机注册小红书账号,然后在小红书账号上跟自己看中的达人私信交流,问他们有没有合作意向。

听完我直接就跟他说这是根本不可能做到的事情。

我想,发生这种情况应该不是个案,其他企业肯定也会有类似的情况发生,这种情况完全是老板对于一些细节的操作并不清楚,但是又愿意去做小红书这样的新媒体平台。如果用一部手机去跟达人私信

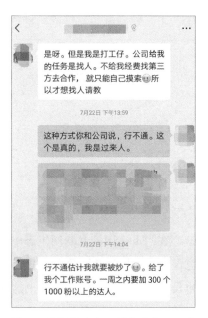

图 5.1 老板让此人一周之内加 300 个 1000 粉以上的达人

交流,确实非常困难,而且很容易被封号。因为到目前为止,小红书平台一天最多可以和 5 个未关注自己的人打招呼,而且给未关注自己的人只能发送 3 条消息,如果对方没有回复你,你发的第 4 条消息、第 5 条消息对方都是看不到的,如图 5.2、5.3 所示。

图 5.2 小红书一天最多可以和 5 个未关注自己的人打招呼

图 5.3 给未关注自己的人打招呼只能发送 3 条消息

而且即使有回复，很多时候都是石沉大海，那这样的沟通成本确实非常高。如果以这种方式去找达人合作，纯属浪费时间。

显然这种方式投入与产出根本就不成正比。如果你有一定预算，那还不如直接找第三方机构合作，让他们帮你解决，这样还省时省力省心。

再说说企业与达人合作。

有一些企业在做小红书时，会一部分跟第三方机构合作，另一部分直接跟达人合作，也就是和一些比较优质的网红合作。如果你需要的数量不多，比如几个月下来，合作几十个就可以私信交流，那就没问题。当然，如果你有充足的预算，也可以通过官方平台寻求合作。

但是对于很多新锐品牌或者还在发展中的品牌来说，用这样的方法其实不是特别合适，因为它确实只能做少量笔记，而数量太少的种草对它们又没有太大的意义。

所以企业自己找账号合作也是可以的，但仅限于需求量比较少的情况。如果需求量比较大，还是要通过官方平台或与第三方机构合作来实现，否则就是在浪费人力物力财力。

5.2 什么是无效种草

作为品牌方，都希望自己在小红书平台的种草是有效的，能够帮助品牌引流。

但不可否认的是，小红书上的很多中间商或者个人接单博主，确实存在很多不规范的行为，会让品牌遭遇无效种草。这是整个小红书种草生态中的毒瘤，一直都难以根除。

虽然小红书平台一直提倡要做真实的内容分享，但是实际上任何一个平台都没有办法百分之百做到。因为只要平台有流量就必然会产生很多以此谋生的中间商，这也是很正常的现象。否则，让品牌方自己一个个找达人合作,根本就不可能实现由量变到质变,小红书平台上也不会诞生这么多新锐品牌。其实诞生这么多新锐品牌的原因是品牌方砸钱和很多机构合作共同把这个热度炒起来了,加上消费者的主动分享,最终形成这样一个循环的种草生态。

也就是说,在小红书上种草必须依靠MCN机构或者其官方的种草平台。

那么在如此大的种草生态圈中,出现一定比例的无效种草也是必然的,属于正常现象,品牌方大可不必为此感到惊讶。

那么无效种草都有哪些呢?

5.2.1 机器号

在小红书种草的整个生态链中,主要有两大部分,一部分是正常账号的种草,其背后是真人在使用账号,这些账号除了用来发布自己的日常生活之外,偶尔也会接一点小广告赚些零花钱,我们称之为素人种草机。有一些机构称之为互联网民工,这其实并不是一个贬义词,我曾经在一个大会上听到过一个类似的词汇,叫网络乞丐。

不管怎么称呼,这些人都是真实存在的,他们的手机对应的也都是真实的小红书账号。

另一部分就是机器账号,这些机器账号存在于一个小房间里,这个小房间里有很多部手机,有的可能就只是一个软件,如图5.4所示。

这些人通过用手机注册的账号或者软件注册的账号,专门去发布与自己接的单有关的笔记来谋生。这种机器账号其实就相当于僵尸账号,虽然发布了笔

图5.4 刷粉刷赞的机器

记，在短时间内也会被平台收录，但是基本上用不了几天时间，甚至几个小时就会从平台上消失得无影无踪，也就是被平台的反作弊系统给干掉了。一般我们称这种为种草毒瘤，因为要价便宜，受到很多品牌方青睐。

我曾经遇到一个品牌方，他说之前花了五六万块钱去做小红书种草，当时对方的报价也不是很便宜，总共的量大号小号加在一起也有几百篇。当时他们正在推一款洁面慕斯，于是就找到了这家做种草的"机构"，但是没想到的是，他们的种草一个星期左右就消失了，而且很多链接都是死链，根本就打不开，当去找和他对接的人时，才发现已经被删除拉黑。这些基本上都是机器号干的事情。

一般来说，机器号的报价非常低，可能几百篇笔记几千块钱就能做。但是他们往往要求付全款。这种种草通过机器一天可以种到几十篇甚至上百篇，这个量是非常惊人的。有一些对此不是很懂的品牌方就会很高兴，觉得如果一天种草 100 篇，一年下来就有 3 万多篇笔记，这样用不了多久自己的笔记数量就会接近一些大牛级品牌的体量了。

但事实是残酷的，这样的笔记做完后，基本上不到一周的时间就会消失得无影无踪了。因为平台会认为你的笔记就是过度营销，从而不会给你任何流量，甚至会直接封杀掉。

5.2.2 违规笔记

这个其实很好理解。我曾经在广州接触过一家整形医院，其推出的医美产品很受欢迎，而且本身技术也不错。医院找到一个机构做小红书种草，那个机构的负责人本身就对医美整形以及民营医院存在一些偏见，总觉得这些医院的功利性太强。因为是朋友推荐的，那个机构的负责人就跟他们聊了一会，认为如果是割双眼皮或者植发之类的，倒也没什么问题，毕竟很多人都有这方面的需求，但他们所做的医美功效型特别强，而且还有很大的风险，最主要的是医院方要求机构把很多像隆鼻、隆胸、三天见效、一个月不反弹之类的字眼都加入，但是机构的负责人认为这种关键词是不能接受的，因为这样可能会让很多年轻人，尤其是高中刚毕业的学生冒很大的风险。

无奈，医院方后来找了另外一家机构做小红书种草。图5.5所示为小红书上的虚假医美笔记类型。

刚开始种草确实挺有效果，毕竟他们用的素材很多都是跟明星接近的面孔，比如张柏芝等。这确实会给人带来比较强的冲击力，让人觉得这家医院确实很有实力。但是后来，他们的笔记就很少能看到了。因为他们的笔记里植入了很多违禁关键词，所以笔记没有办法被展示出来。这样的种草自然就是无效种草，纯粹是白花钱。

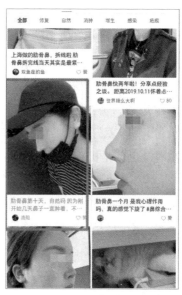

图5.5 小红书上的虚假医美笔记类型

5.2.3 没有品牌名的种草

之前认识一个品牌方的员工，他以前是做地产中介的，后来因为中介不好干，就去一个企业做了小红书运营，而且做了一件比较搞笑的事情。公司让他负责统筹小红书项目的执行，他也和一家机构进行了合作。令人惊讶的是，他的笔记做了将近一半的时候，突然有一天被老板找，为什么呢？因为种草笔记里没有出现品牌的名字，只是把品牌的名字以花字的形式加在了图片上。

这样的种草产生的影响势必会大打折扣，虽然这篇笔记有可能会被推荐，但是消费者如果想通过关键词来搜寻产品的相关信息就不太容易了。而且有一些公司只放英文名,而不放中文名,要知道很多消费者是记不住英文名的,这自然就不利于搜索。

所以种草时,最好是把完整的品牌或产品名称展现在笔记中,这样才方便消费者搜索。

5.3 去哪里找网红合作

小红书蒲公英平台是不错的选择。

小红书蒲公英平台其实是由小红书以前的品牌合作平台升级优化而来的,于 2021 年 1 月 25 日正式上线。

据小红书官方平台介绍,蒲公英平台是一个优质的创作者商业合作服务平台,它的寓意是品牌与博主之间合作的内容,可以像蒲公英的种子一样随风飘散、落在各处,即这些种草信息能够被传递给更多的人。

小红书蒲公英官方网站上的解释就是:潜移默化的种草心智,看得见的营销价值。

小红书之所以推出蒲公英合作平台,是因为它有自己的野心。

原先品牌方如果想和达人合作,基本上都是通过小红书的品牌合作平台来实现。但随着小红书的不断发展以及营销场景的不断变化,原有的合作形式仅限于图文和视频笔记,原有的品牌合作平台已经不能满足品牌方的需求了,毕竟小红书平台的业务体量越来越大,那么在蒲公英平台上,合作并不仅限于笔记合作,更有直播带货以及好物体验站等新的合作方式。

这也是小红书为内容营销变现而做的全新尝试。毕竟做一个高质量的种草平台,小红书既希望品牌方能够从中获利,也希望博主能够从中获利,更希望平台能够从中获利,这正是小红书对三方共赢局面的畅想。

小红书蒲公英平台,其实与抖音的星图、B 站的花火类似,都是供品牌与博主之间交易的官方平台，目前入驻小红书蒲公英平台的博主已经超过 4 万人，而且它可以垂直地连接包括美妆、美食、服装等在内的 24 种生活消费场景。

如果你是品牌方，想找网红合作，就可以通过小红书蒲公英平台实现。

如果你是网红博主，已拥有 5000 粉丝，就可以入驻小红书蒲公英平台，通过内容来变现了。

5.4 怎样判断达人账号的优劣

随着小红书平台热度越来越高，很多品牌方都争先恐后地找各种达人合作，或者找各种中间机构合作，目的就是希望通过达人的种草来宣传自己的品牌。但是在实际操作中，因为整个生态等诸多问题，往往会出现很多机器号以及账号严重注水等现象，而且防不胜防。

下面就教大家如何判断账号的优劣。

5.4.1 看账号等级

小红书账号一共有十个等级，平台会根据你发布的内容的原创度和垂直度，以及所获得的点赞、收藏、评论进行评级。这十个等级分别是：尿布薯、奶瓶薯、困困薯、泡泡薯、甜筒薯、小马薯、文化薯、铜冠薯、银冠薯、金冠薯。

发布的笔记越多，所收获的点赞、收藏和评论越多，账号的级别就越高。比如最基础的尿布薯属于一级，你只要发布一篇笔记，获得点赞、收藏和评论各一次，就可以升级为尿布薯。

这其实就跟我们日常玩游戏时的打怪升级一样，也跟知乎的 L1 到 L10 的级别是一个意思，目的就是鼓励用户多多发布笔记、多多参与话题。

所以品牌方在选择账号进行合作时，一定要看一下其级别，级别越高则质量越高，当然质量越高也就意味着价格越贵，这个就根据自己的情况加以取舍。

不过据前段时间小红书的发布规则，目前有一些账号等级通过账号是看不到的，这也是小红书在优化自己的等级分布，至于日后还会不会恢复还有待观察。

2021年8月，小红书在其官方合作平台——蒲公英上发布了最新的博主信用等级。

蒲公英信用等级是基于博主笔记是否符合社区公约、是否发布软广、是否过度接单、接单后的表现、推广效果、粉丝质量等数据综合得出博主的内容健康度、商业健康度、商业服务力、营销性价比和粉丝影响力（暂不含带货表现）5大指标，据以划分为5个级别，等级越高，博主享受的商业权益就越多。

蒲公英信用等级从Lv0到Lv3+，Lv0代表黄牌警告，Lv1代表尚需努力，Lv2代表中流砥柱，Lv3代表金牌种草机，Lv3+代表人间种草机。

如果是Lv0级别，代表该博主严重违规，或者所发布的内容带有违反国家法律法规的性质，整体的信用等级较低。

品牌方自然不用考虑该级别，因为它不能接受品牌的合作邀请，也不可能拿到品牌方所给的曝光资源度，而且会受到笔记发布的限制。在官方榜单的上榜资源方面没有任何优先权，也没有任何专属等级标志，更没有机会加入官方的社群，这样就没有办法实现很多功能。

Lv1级别和Lv0级别相比，在信用方面有所提升，功能就是只能接受品牌方的合作邀请。简单来说，就是可以接单，但是不会得到平台的推荐曝光以及上榜等。

Lv2级别被称为中流砥柱，能够达到这一级别的人基本上都是小红书中等偏上的博主。他们不仅可以接单，也会得到官方的优先推荐以及一定的流量资源，从而能够增加笔记的曝光度。

Lv3级别的博主在小红书上算是非常优质的达人。官方除了能够让他们接单之外，还会给予推荐以及上榜。而且这一级别的博主发布商业笔记和自然笔记的比例不会受到限制，会得到官方给予的榜单上榜优先权以及专属的等级标识。

Lv3+ 级别是小红书平台上顶尖的一批博主。这些博主的内容被平台和品牌方所认可，而且粉丝的黏性和互动率也比较高。他们除了接单以及享受官方的上榜及各种资源位的推荐以外，也会被官方优先邀请加入官方社群，成为官方重点运营的对象，还能体验一些产品的新功能。说得直白一点，这批人是最受品牌方推崇和重点照顾的群体。

所以品牌方要想找博主合作，可以通过蒲公英平台来查看博主的等级，然后做出是否与他们合作的决定。

值得注意的是，在以往品牌方和博主合作的过程中，品牌方是没有办法给博主打分的。但是在蒲公英平台上，品牌方可以给博主打分，如果这个博主的合作态度不好，响应速度比较慢，或者有一些其他的对品牌方不友好的行为，品牌方都可以给他打分。

平台显示是 1 星到 5 星，如果确实比较差可以给 1 星评价，这和我们平时在淘宝上购物，最后给一个五星好评或差评是一个道理。其实这样有利于品牌方，起码品牌方可以对博主有一定的震慑力，否则谁也不能保证博主收了钱之后是否会用一些粗制滥造的笔记敷衍了事。

蒲公英平台上的小红书博主级别的排名，每月 1 日会更新一次，很多博主在每月 25 日就可以提前查到自己下个月的信用等级。

5.4.2　看他的笔记

虽然小红书有自己的信用等级评分，但毕竟有一些博主还没达到这个级别。因为只有粉丝量高于 5000 的博主，才会有蒲公英信用等级的显示。那么对于粉丝量低于 5000 的博主我们应该怎么去判断他的账号的优劣？下面我们就来介绍一下。其实下面的内容不只适用于粉丝量低于 5000 的博主，也适用于粉丝量高于 5000 的博主和中腰头部的达人。

1. 看博主账号的垂直度

小红书平台对于高垂直度的账号还是比较推崇的,毕竟专注于某一个领域的博主,其输出的内容更容易让人信服。

如果品牌方想找一个母婴类博主合作,却发现他的账号上一会儿是母婴类产品,一会儿是家居类产品,一会儿又是服装类产品,那么就会让人产生怀疑,这一类账号的质量相对来说也就低一些。

当然也要回归到现实,毕竟小红书博主需要变现,有时候没有太多母婴类品牌跟他合作,却有一些美妆类或者家居类品牌找他合作,他肯定会考虑一下了。这其实就是一个平衡的问题,只要这个账号垂直内容的比例高于70%,那么它就还是不错的。千万不要一个母婴类博主天天发的都是服装类品牌,这样的账号肯定不合适。

2. 看主页的质量

质量比较高的博主都有一个很明显的特点,就是所发布的笔记内容统一性极强,不管是排版布局还是主图页面,都非常干净整洁,而且主图能够做到突出标题和一些重点,从而让大家愿意点进去查看内容。

毕竟主页的形象就相当于一个人的脸面,如果一个博主把自己的主页搞得极其邋遢,则在很大程度上说明这个博主做事情肯定不是特别用心。

比较优质的博主,他们在配图方面都比较考究,一般至少配5张图,这个是基本的准则。而且他们的图片有包括整体的,有包括细节的,也有包括对比的,并且每一张图片上都会配有文字说明,有的还会在上面打一些花字或者表情,看起来非常舒适。

3. 看博主的粉丝数与点赞、收藏数

在博主的小红书主页的上方,会显示粉丝数、点赞数和收藏数,通过这个就可以做出基本的判断。

正常情况下,小红书博主的点赞数量和收藏数量一定要大于粉丝数量,而且至少在2~6倍以上。比如一个博主有1万个粉丝,那么正常情况下他所收获的点赞数量和收藏数量应该是 2 万到 10 万以上。

如果你发现一个博主的粉丝数量有 10 万，但所收获的点赞数量和收藏数量只有几万，那么这个账号一定是有问题的，最大的可能就是注水严重。

4. 看评论互动数

小红书平台上有一个潜规则，就是博主发布完笔记可能会找一些人来刷一些点赞和评论，甚至有些十万、几十万粉的博主也会这样去做。这其实是一个很普遍的现象，因为小红书平台的推荐机制注定博主所发的每一篇笔记不可能都是爆文，有时博主发了一篇笔记可能会获得几千个点赞、收藏和评论，那他的下一篇笔记可能就只有几十个点赞、收藏和评论。但是出于变现的考虑，为了不让意向客户在查看自己的主页时有所顾虑，一些博主就会稍微美化一下自己的数据。这种美化方式基本用的都是真人的方式，就是找一帮人过来点赞、收藏和评论。如果大家发现这种现象不必大惊小怪，因为这是一种常态，只要看一下他的评论，就基本可以判断出哪些是刷的、哪些不是刷的，如果是刷的评论，刷的时间往往比较固定，有可能集中在某一天的某个时间段。而且这些评论一般不会持续太久，比如 2 天前出现了一批，2 天后基本上就没有了。

如果你在他的主页里发现 50% 以上都是这种情况，那么就要稍微留意一下这个账号了，毕竟通过自然流量获得的评论会有一定的持续性，有时候一篇笔记的评论可能会持续一年。所以如果一个账号里评论的时间分布比较均匀，说明这个账号还是可以的。

根据我们研究小红书的经验，以及和很多博主聊天的情况来看，刷笔记并不是多大的罪恶，大家只要摆正心态，把它当作一种美化手段就可以。毕竟我们平时看到的广告片，看到的所有明星，基本上都是经过修图处理或者美颜处理的，否则怎么会有那么好的片子和那么高的颜值。正如一个 MCN 机构的负责人所说，只要大家从中发现一篇笔记或者一个账号，所美化的内容不是特别离谱，那么这个账号就是可以用的，但如果是那种美化特别过分的,就算了。

此外,还可以要求达人截图笔记的小眼睛,也就是阅读量,毕竟如果是刷的内容,阅读量肯定一般。所以大家在选择账号时可以多多留意一下,以上述维度和标准作为依据。

5.5 素人应该怎么合作及其优势

不管是在抖音、快手、B站还是在小红书上,都有一批被称为素人的人。前面我们已经说过,所谓的素人,其实就是账号粉丝比较少的一批人,即1000粉以下。每个平台对素人的标准不太一样,有的把100粉以下的称为素人,有的甚至把10000粉以下的称为素人,但终归都是指粉丝比较少的博主。

素人虽然粉丝少,但在小红书种草领域也有着非常重要的作用。一些品牌方可能会觉得素人的粉丝这么少,即使做了笔记也没有多少人看,还不如不做,实际上并不是这个样子。

素人有以下几个优势。

5.5.1 费用比较低

请素人种草顶多一篇几十块钱,当然每个机构的价格不一样。如果你有很多产品,而且都不是很贵,就可以不用出费用,以置换的形式与他合作,即把产品寄给他,让他体验使用,然后拍图写笔记,吸引流量。

当然你也可以让他们去你的天猫店铺拍产品,在寄给他们产品后,把拍产品的钱返还给他们。这样既可以让他们发文种草,又可以让他们帮你做一波评价,就相当于给你的店铺刷单,毕竟刷单也是需要成本的。

5.5.2 可以起量

素人费用比较低，比如品牌方花 2 万块钱就可以做几百篇笔记，这就属于人海战术以量取胜。虽然素人的笔记并不是每一篇都可以被平台收录，但是如果你的量足够多，即使按比例来算，被收录的数量也是比较可观的。毕竟如果拿 2 万块钱去找一些大号合作，顶多只能种一篇或者几篇笔记，当消费者通过小红书去搜索，发现你的产品只有一两个达人推荐，他们就会对你的产品有所怀疑，自然也就不会实现转化。

虽然从转化率的角度来说，素人的作用确实没那么明显，但是在给产品投放笔记时，搭配中腰部达人进行组合投放效果还是不错的。

素人种草还有一个意义就是占据关键词，因为小红书平台毕竟是一个以搜索为主导的平台。它跟抖音不太一样，抖音是如果你关注某一个达人，平台就会主动推送给你，而小红书就是起到一个引导的作用。如果从动作上来看，抖音是一个刷视频的动作，小红书平台是一个搜索内容的动作，一个是刷，一个是搜，其实差别还是比较大的。

消费者在搜索的过程中，会运用不同的关键词去匹配。比如我们在搜索一款面膜的时候，可能会运用不同的组合关键词：

面膜哪个品牌好；

面膜应该怎么用；

面膜需要天天敷吗；

面膜口碑排行榜；

……

当消费者不知道你的品牌名字时，可能就会搜索这样一些问题，而这些问题就会呈现出不同的结果和答案。所以可以在素人的笔记里加入类似的一些关键词，这样有利于消费者搜索。

在与素人合作时，品牌方可以找一些相关的素人号进行投放，可以不要求他的粉丝数，也可以不要求他的点赞和收藏数，甚至可以不要求他发布的笔记数,因为在小红书上有一些空白号,也就是连一篇笔记都没发过的账号,这些账号反而更受欢迎,发的笔记更容易被收录。

在与素人的合作上,有机构透露,一些品牌的操作方式是提供图片给素人,让素人看图写文,有些甚至把文字也提供给素人,让他们直接发布,当然价格也有所区别。虽然并不鼓励使用这种方式,但是种草时如果每一个都寄产品的话,确实有点勉强,虽然也有一些品牌方会给素人寄样品,但是会要求寄回产品,这个当然还在于产品的价值,如果是比较贵的可以要求寄回,如果是便宜的可以不用寄回。

那么应该怎样与素人合作呢?有以下几种方式。

第1种方式就是私聊博主,这种方式比较慢。如果你的团队有时间有精力,可以发动大家每天用小红书私信跟5个博主沟通对接以此收集一些私人账号。

第2种方式就是和媒介公司合作,每个MCN机构基本上都有很多素人账号。

第3种方式就是从一些通告或者社群里寻找博主,这些社群或通告上都会有一些接广告的私人账号。

第4种方式就是招募,即在一些高校里,通过发布广告的形式,有的以班级为单位,寻找一些学生合作。毕竟很多学生有时间但缺钱,需要做一些兼职,所以就相当于租赁他们的账号,只要他们肯发笔记就给钱。

当然,上述方式都是别的品牌在运用的野路子,品牌方要尽量通过正规的小红书官方平台去操作,毕竟内容种草是个持续活,尺度的拿捏很关键。

5.6 腰部达人应该怎么合作

对腰部达人的定义通常是粉丝数在1万以上10万以下。有的机构把腰部达人定义在 10 万粉以上，这个标准也不是统一的。因为如果是一个十分垂直的账号，5 万粉已经算是一个非常优质的账号了，甚至在一些小众领域都可以算作头部；如果是一个不太垂直的账号，50 万粉都不一定算得上很优质的账号。

根据以往的经验，素人是大部分品牌用得最多的，其次就是腰部达人，腰部达人很多公司常年都在投放，目的就是不停地引流，以实现转化。

毕竟腰部达人都有一定的粉丝量，而且粉丝的黏性一般都不错，品牌方在腰部达人账号上投放笔记，很容易得到响应。而且腰部达人的费用其实还算合理，从 1000 到 10000 块钱不等，基本上都在 4000 块钱左右。如果公司预算充足，可以在素人的基础上搭配一批腰部达人进行投放。

品牌方可以通过小红书蒲公英平台去寻找腰部达人进行合作。

当然，如果有时间有精力，也可以私信交流跟对方合作。有些公司是私下合作的，不走官方报备，会节省一些费用。

如果没有时间精力，就可以找第三方 MCN 机构。一般 MCN 机构都有一定量的腰部达人，可供挑选账号。

在与腰部达人合作时，一般都是要寄产品的，不可能让他们看图写文，否则制作的笔记没有真实感。通常都是把产品寄给他们体验，不用寄回，然后他们根据自己的使用心得来写笔记或者录视频，这样会更加直观。但如果你的产品确实很贵，也可以要求他们寄回。

腰部达人的数量和素人相比会少一些，所以基本上就侧重于一些组合性的关键词。比如在笔记里植入 2～3 个关键词，其中一个是热门关键词，另外两个是稍冷门的关键词，这样一旦笔记被收录，消费者通过不同的关键词搜索都可以看到。

关于腰部达人的投放数量，正常情况下一个月投放 10～50 篇就可以了。当然这个具体要看品牌方的预算，如果预算多就可以多做一点，如果预算少就可以只做几篇到十几篇。

5.7 头部达人应该怎么合作

投放头部达人最多的，一般是已经成名的品牌。因为这些品牌都有着比较强的经济实力，会把与自己合作的达人的笔记或者视频作为素材进行传播和利用。至于转化就不确定了，很多时候一些头部达人的转化并不理想，甚至不及腰部达人。但是头部达人的意义就在于立标杆，让消费者搜索品牌名之后，发现有一个很厉害的达人在推荐，就会认为这个产品还是不错的，自然就会引流。

比如李佳琦，在小红书上也有自己的账号。一般品牌方与这类账号合作，要的就是一个名头、一个噱头。很多品牌方的想法是，有了李佳琦这个背书，再去和别的小博主或者中腰部的博主谈合作，就会容易很多。所以，这也是头部博主的意义所在。

在现实的操作过程中，90%的品牌基本上都是用不着头部达人的，毕竟它的费用太高。

如果企业真的需要找头部达人，其量也是很少的，少一些的一两个，多一些的可能就是十来个。这样的头部达人，可以通过小红书蒲公英平台去找，也可以通过私信去聊，他们基本上都在个人的主页留有邮箱号，有兴趣的可以通过邮箱联系。

投放头部主播，要求一般不能过于苛刻，因为每一个头部主播的账号都有自己的调性，都有自己的风格，品牌方不能按照自己的理解硬性要求博主加东西，在里面加个字之类的一般可以协商，但是最好不要强制性地要求博主在里面加入广告卖点和诉求，因为这样可能会破坏整体的感觉。而且粉丝看了之后会觉得这不是一个真正的分享，而是一个真正的广告，所以这一点一定要在合作之前与达人协调好。

5.8 明星种草怎么选

自从林允、欧阳娜娜等明星入驻了小红书之后,小红书的星味就越来越浓了。现在很多国内知名的明星基本上都在小红书上有自己的账号,他们会定期分享自己所使用的产品,然后接一些广告,帮助品牌方推广。

这几年受疫情影响,很多明星的工作都处于停滞状态,出席商业活动、各种发布会的机会都少了很多,自然也就少了很多经济来源,于是不少明星转投抖音、小红书拍短视频,做直播带货。

在我合作的一些团队中,包括一些电视台,经常会拿到一些明星的资源,比如明星翻包的资源、好物推荐的资源等。

有一些明星可以通过小红书平台给品牌方授权,拍几张(一般是2张)手持产品的图片,外加一条视频。

这就是明星在小红书上的资源的一个标配,当然有一些明星的资源可能会略有出入,比如有一些的配置是这样的:2张手持精修图+1条好物推荐视频+小红书合集发布+3个月电商授权+明星推荐/同款title。

在价格方面,如果是一些顶流的明星,费用会达到50万元左右;正常情况下很多明星的费用都在20万元上下,有的10万元以内都可以操作;如果是小咖位的明星,几万元也能搞定。

品牌方请明星做小红书种草,其意义就是利用明星的知名度与影响力,来宣传自己的品牌。其实就算转化也不见得马上就能收回成本,但它是一个细水长流的过程。品牌方可以拿着明星提供的图片、视频去做宣传,在天猫上也好,在朋友圈也罢,都可以进行发布。有些品牌还会拿着明星的一些图片和视频,去和一些小的达人谈合作,这样更有说服力。

如果你的品牌请不起明星代言,那么可以考虑图片授权加短视频的方式,毕竟它的费用和长期的代言费相比比较低。

至于选哪个明星,就要看品牌自身的考量,名气大、影响力大、有粉丝基础,肯定是最好的选择。如果选不到大咖明星,那么和品牌的贴合度就是考虑的另一个维度。

5.9 小红书推广阶段流程

每一个品牌都希望自己在小红书上投放的笔记能够被收录，能够得到更多的阅读量，能够得到平台的推荐，成为爆款。但罗马不是一天建成的，小红书的推广从种草到收割也是有一个过程的。下面就给大家介绍一下小红书推广阶段的流程。

5.9.1 笔记种草

如果你的品牌在小红书上的笔记比较少，那么第一阶段就要把基础工作做好、做扎实。

在小红书平台上，能够产生效果的笔记，至少应在 2000 篇以上，这是最基础的量，如果连这个量都做不到，基本上也就无从谈起引流转化及销售收割了。

有一些品牌的老板曾经问过我一个问题：我投 100 篇笔记多久能看到效果？每每听到这样的问题，我总是哑然失笑，因为毕竟面对的是很多老板，如果我告诉他们不能产生效果，他们会觉得种草没有用，这个钱花得不值得，如果我告诉他们会产生效果，就是睁着眼睛说瞎话。

所以不管怎样，如果想要在小红书上有所作为，真正帮助电商引流，首先就要把基础性的工作做好，即把素人的笔记铺设好之后，上一些中腰部的达人和优质的账号，这样能帮助品牌形成一个立体式的覆盖，不至于让别人觉得在小红书上搜索时笔记很单薄。

如果你的品牌在小红书上已经铺了不少笔记，那么这一阶段只需做一个持续性的复投就可以，比如找少量的素人和中腰部的号甚至一些头部的号，这个只需要按月份少量地布局就可以，以此来维护品牌在小红书上的曝光率。当然如果你新推了一款产品，那这款产品在素人和腰部达人的投放上就要加大。

所以不同阶段的投放思想也不一样。以完美日记为例，其日常投放就是以一些中腰部的达人和素人为主，比例大概是7:3，但是一到重要的节日，就会加大投放力度，头部、中腰部、素人全上阵，共同打造品牌的声量。

5.9.2 口碑引爆

口碑引爆是很多品牌都梦寐以求的，但在小红书平台上不可能每一篇笔记都成为爆款。如果投放的100篇笔记中能有一篇成为爆款，其实就已经非常值得了。在正常情况下，成为爆款的比例相对来说会比较小，反倒是日常的一些分享，比如旅游的分享、美食的分享等，更容易受到平台的推荐，而成为大爆款。

要想实现口碑引爆，有一个前提就是第一阶段的工作任务要完成，即要把第一阶段素人笔记的基础工作做好，毕竟素人是一个关键词的基础。因此在口碑引爆这个阶段，就必须加强中腰部达人的力量，毕竟中腰部达人有粉丝基础、有影响力，可以把流量引入天猫等平台，从而把整个品牌的口碑炒热。

在这一阶段，基础性的种草可以适当减少，中腰部博主笔记的投放增多。其实用一句通俗的话来说，就是把腰杆挺直。

如果你的预算充足，可以在这一阶段多做些文章，也可以配合一些头部的达人或者明星达人，把整个氛围带动起来。

这样当消费者看到这些笔记之后，就会觉得既然有这么多中腰部的达人来宣传分享，那你的产品一定是有意义和价值的。

5.9.3 引流转化

引流转化这个阶段尤为关键，毕竟所有的种草都是为了转化，而终极目的则是卖货。如果这个阶段笔记做得不错，口碑做得也不错，但就是不卖货，那么这个种草可以算得上成功，但绝不是品牌方的终极目的，大卖才是终极目的。

在这个阶段，可以把预算倾向于中腰部、头部达人，这样有利于把用户导流到天猫平台、京东平台或者小红书商城。

同时还可以针对合适的节假日或者特殊的时间节点发起直播，并配合信息流一起推送，这样就会形成笔记加信息流加直播三位一体的覆盖。因为直播和信息流就是把客户直接导向你的商城，所以是承接流量转换最好的手段。

5.9.4 口碑持续

口碑持续是很重要的一项工作，毕竟做小红书属于持续性的工程，而不是一朝一夕的事情。当我们把笔记做了，把货也卖了，为了后续能够持续地有流量进来，就需要适当加以维护，可以对一些关键性的产品进行笔记复投，记住量不一定要很多，只要能够维持基本的热度就可以。

如果你的产品真的很不错，消费者购买之后自然会主动帮你分享，这种主动式分享才更有效果。有一些品牌方在把产品卖给消费者的过程中，会跟消费者说：如果你在小红书上帮我们种草，我们会赠送你一样产品。有很多消费者得知这个消息后都愿意去分享，毕竟有利可图。

在这一阶段做口碑时，可以有的放矢，如果费用充足就适当地投一些腰部达人，如果费用少就有针对性地投放素人加腰部，千万不能让品牌的热度降下来。

以上四个阶段是小红书种草的正常流程，这一流程需要一定的人力和资金支持，只要把这些准备充足，小红书的转化率还是很大的，很多新锐品牌就是通过这样的方式去运作的。在不同的阶段用不同的方法做事，只要你够努力，方向也对，就一定会产生不错的结果。

5.10 无费置换与有偿付费选哪个

这是很多品牌方在做小红书种草时都会遇到的一个问题。

有一些品牌方喜欢把自己数量比较多的、库存比较大的产品拿出来,通过免费送的方式做宣传推广,即与博主去进行置换,不给费用,只要求他们发布笔记,而不收回产品。

而有偿付费就很简单,不仅要给别人寄产品,还要给别人一些费用让他们帮忙种草。

那么究竟是选择无费置换还是有偿付费,其实最终还是要看品牌方。如果你的产品足够多,单价也不是特别高,就完全可以免费送产品,然后给一点费用;但如果你的预算有限,那就选择无费置换。当然,愿意进行无费置换的博主,他的账号质量相对来说就会稍微低一些,但凡质量比较高的博主都会收取一定的费用。

如果你的产品单价比较高,达到1000块钱以上,你可以给一定的费用,然后要求寄回产品,这也是常见的一种方式。

总之一句话:产品单价低,就可以付费,外加送产品。

5.11 种草需要海量图片怎么办

图片是小红书种草的灵魂,一张拍得好的图片会很吸引人,从而引来很多流量。但是小红书种草特别吃场景、吃图,于是图片的生产往往成为困扰很多品牌方的重要因素。毕竟如果想大量种草,全部寄产品也不现实,于是有些品牌方就想自己拍图给达人用,但是又不知道去哪里拍,有时候忙活了半天,又是摆道具又是找角度的才拍出10多张,仅够两三组种草使用,这让很多品牌方头疼。

我之前认识一个品牌方,他是做高端护肤品的,也找过很多达人合作。

他当时合作的主要是大量素人和一部分中腰部达人以及几个头部达人。对于头部达人和中腰部达人，他都是给寄产品的，但是对于素人，由于产品成本价格比较高，没有办法全部送，而且送了没有办法回收，毕竟像面霜这种产品一定要打开，拍里面的膏体，而一旦打开，也就没办法进行销售了。所以他当时也比较苦恼，想自己拍图片，但是拍几十张还可以，如果拍得多，很多场景就会重复。根据我的了解，很多品牌方生产图片大概有两种方式。

5.11.1 通过淘宝解决

淘宝上有很多专门拍摄图片的机构，你只要把产品寄给他们即可。虽然不是精修图，但是用来种草绰绰有余，基本上每一张图片的价格在5～20块钱不等。如果你想拍500张图片，那就需要几千块钱到1万块钱，按照一组种草需要4张图片来算，基本上也够100个素人使用。除了淘宝，也有一些个人摄影师可以接这样的单，但是他们的布景不会有很多方案，毕竟不可能搭太多的景，但他们会用不同的镜头特写来解决。

5.11.2 公司内部解决

有一些公司让自己的员工把产品带回家去拍，以摊派任务，要求每个人拍20张，这种方式也可以解决一部分问题。

这里有一个品牌方提供的思路，有兴趣的不妨试一试，就是带着你的产品去公园或者一些创意园区拍摄。因为不管是公园还是创意园区，都会有很多花草或者一些创意性的布置，这十分有利于拍摄。以公园为例，公园里有不同的角落、不同的花卉、不同的造型，正常情况下，一个人一天就可以在公园里拍两三百张图片。

当然，这样的拍摄一般适用于一些美妆类产品和一些小型家电，如果是大件的就不是很合适了。

曾经有一个做地板的朋友跟我讨论这个问题，说最头疼的就是图片，因为他不可能把地板拿到影棚里去拍,也不好把地板拿到公园里去拍。像家具类这种大件,在一个房间里顶多只能产出少量的图片,如果全部都用3D制造不同的环境背景,成本负担将难以承受。

还有一些特殊的类目,比如内衣,如果拍近物,也是比较吃场景的,所以这种一般都是在影棚里拍摄,也有一些品牌方专门去一些高端的场所摆拍。但如果要求模特上身,这样的方式就不太现实,因为不可能找这么多模特,也就只能将内衣寄给一些达人去拍,然后让他们寄回来或者低价卖给他们。

所以,如果你的产品是一些小型的物件,不是特别占地方,就可以尝试上述方法;如果你的产品比较大件,就需要寄拍,或者找专业的公司拍图。

5.12 100个素人与1个万粉达人,谁的阅读量高

其实这个问题也比较简单,因为素人的粉丝数量虽然比较少,但是如果100个素人的笔记里出现了小爆款,那么阅读量也是不低的。

而一个万粉达人虽然粉丝数量比较多,账号权重也会比较高,所发布的笔记阅读量在理论上会比素人的笔记阅读量高,但如果和100个百粉的素人相比,则可能比不过,这也是长期积累下来的数据经验。

比如某明星的小红书账号,有1388万粉丝(时间截至2022年1月1日),但是她的笔记有的点赞量达两三万,有的只有两三千。一般情况下,小红书笔记的阅读量平均是点赞量的50~100倍,以点赞量3000多的笔记为例,即使满打满算,这篇笔记的阅读量也才不过30多万,这与她的粉丝数量相比可谓相差甚远。

那么这是不是就意味着一定要投100个素人呢?并不是。回归到最开始的说法,如果你的品牌没有基础,也没有什么关键词,那你就去投

素人;如果你的品牌有一定的基础,且基础工作做得还不错,需要中腰部以上的达人去带,那你就去投万粉以上的达人。总之,一定要看品牌的发展阶段和具体需求。

5.13 除了种草,品牌方在小红书上还能做哪些推广

现在一提到小红书,大家首先想到的就是种草。其实对于品牌方来说,除了在小红书上种草以外,还有以下几种推广方式。

5.13.1 信息流

信息流是一种非常普遍的推广方式,不仅抖音有信息流、快手有信息流、百度有信息流、小红书也有信息流。小红书信息流的推广方式比较简单,只要你去开个账户充个值,在里面进行设置,就可以被大家看到。

关于信息流的具体介绍,参加 7.3.4 小节,此处仅提及推广方式。

5.13.2 开直播

如果你的账号质量还可以,或者你的账号质量不是太好,那么开直播是可以尝试的一种方式。

如果你是企业号,就可以在上面开通直播进行产品的推广。

如果你是个人号,而且拥有一定量的粉丝,也可以开直播,介绍推广你的产品。

5.13.3 投薯条

小红书薯条其实就是给笔记加热,相当于付费推广,如果你觉得有一些笔记不错,可以尝试去投放。薯条跟抖音的 DOU+ 有一些相似之处,关于其细节会在后面讲解。

5.14 内容种草，直播拔草

一直以来，很多人都把小红书当成一个种草平台，而很少有人把它当成一个拔草平台。这是由小红书平台的基因决定的，毕竟小红书当年起家的时候靠的就是内容分享。尽管它用内容俘获了很多用户的芳心，但它并不是一个真正意义上的电商平台，不像淘宝、天猫、京东、拼多多等本身就带有天然电商基因的平台。比如拼多多、淘宝也都在做内容，但是做得确实不怎么样，毕竟每一个平台都有自己先天的基因和优势。

而且很多消费者只喜欢在小红书上看笔记，并不喜欢在小红书上购物，更别说在小红书上花大量的时间看直播了。

但如果只有种草没有拔草，就很难形成一个完整的商业闭环，所以如何让消费者在小红书平台上拔草则是小红书一直在深入思考的问题。

虽然小红书在2019年底就向很多创作者开放了直播带货功能，但实际上效果并不是特别理想。

毕竟和抖音、快手这种带有天然直播属性的平台相比，小红书明显处于弱势地位，它的直播带货只占了整个直播带货领域10%左右的份额。

近两年，很多品牌方都把直播作为电商发展的重中之重，并组建了自己的直播团队，开启了店播。

为此，小红书也发布了很多政策，比如针对商家的零门槛入驻、百亿流量扶持等，就是希望更多的商家能够入驻小红书平台，共同开启直播市场。毕竟小红书也希望在自己的平台上能够孵化出一个大神级的直播人物，类似淘宝的李佳琦、抖音的罗永浩等。

小红书直播虽然不够强势，但依然是拔草最好的途径。如果你的品牌开通了小红书商城，或者与一些小红书达人进行了合作，那么不妨用直播的方式进行收割。

如果碰到节假日，店铺或达人的直播，一般会出现以下两个时期。

5.14.1 预热期

预热期一般是指提前 14 天到 7 天发布相关的产品预热信息。

预热信息可以在官方账号上发布，也可以通过达人的账号进行预约投放，虽然有一些达人并不愿意帮你发布这种直播的软广告，但你可以跟达人谈，比如采用这样的形式：张三，我想在你的评论区留言，11 月 9 日在我们官方平台有直播，到时你在评论区回复一下我，这样大家就能看到我的评论……

当然这种是需要付费或赠送礼品的，因为达人觉得只是评论并没有关系，但是让他直接发布直播预热的内容，就会影响他主页的形象。有一些品牌就是通过在很多达人的评论区留言，让达人帮忙回复，来吸引关注的。

5.14.2 引爆期

引爆期在小红书平台上比较重要，但是也相对难做一些。毕竟小红书不是专业做直播的平台，如果商家在小红书上做直播，就必定要经过这一阶段，这个时间段一般是在直播开始的三天内。其操作方式和第一阶段的预热期有些类似，你可以把自己即将送出的福利很直白地说出来，以此来进行引流，然后配合一些薯条的投放。

有一个品牌方，计划在小红书上做 618 直播活动，为此整整准备了一个月。我当时给他的建议是在 5 月中旬的时候就要开始全面发力，为这场直播做准备，所以规划了很多笔记，其中小部分是素人的宣传造势，大部分是中腰部配合两个头部的博主进行预热，然后小红书的官方账号一起进行宣传。

在 618 的前一周内，再把礼品福利持续抛出来，让大家知道这场直播活动会有非常多的福利奖品以及大力度的优惠。

小红书直播间的玩法其实与抖音、快手差别不大，无非就是聚客、留客、锁客、憋单,然后达成交易,在这里就不予赘述了。

总而言之,小红书直播需要做,而且要把它当成一个工作的日常,就算你的商城销量不是很理想,在给抖音做直播时多加一部手机,给小红书平台同步做直播也会事半功倍。但应注意不要提到平台,否则小红书直播时出现抖音的字眼,就属于违规。在节假日的时候,一定要注意预热和引流,为增加销量奠定一定的基础。

5.15 薯条怎么投放

薯条是小红书平台在 2020 年 3 月上线的一种推广工具,主要是帮助一些博主增加笔记或直播间的曝光量。它类似于抖音的 DOU+,也是需要付费的。如果你觉得你的笔记不错,或者与你的品牌合作的某个博主的笔记不错,就可以尝试投放薯条。

如果你的账号是企业号,投放薯条是没问题的。

如果你有个人号,小红书的要求是笔记发布多于 2 条,粉丝数量多于 500,账号正常,无严重违规,才有资格开通薯条。

在小红书薯条的投放规范说明中,凡是过度营销的行为都不能投放薯条。比如你为了突出你的产品而贬低他人的产品,比如你在里面开展一些抽奖活动等,有这些行为都是不可以进行薯条投放的。

当然,如果你的笔记有违规字眼,或者账号受到过比较严重的惩罚,那么你投放薯条的意义就不大,因为受平台限制,你根本就投不出去。

另外像国家严格把控的一些项目和产品也是不能投放的,比如医美类、两性类、游戏类等都不允许投放。

目前薯条投放分为三个档次,分别是 6 个小时、12 个小时和 24 个小时。它的推广人群也都是以小红书的智能算法来选择的,就是根据用户的关联度来推荐。

如果你确定要投放薯条，一定要注意以下问题。

5.15.1 看笔记有没有违禁词

如果你的笔记没有违禁词，那么就可以投放，所投放的笔记不管从文字还是从图片或者视频角度来看，都一定是比较优质的，能给别人带来美感或良好阅读体验的，这是最基本的。因为一张好的图片，一个好的封面，有助于提高你所投放薯条的点击量。

5.15.2 笔记测试

如果你有几篇内容相似的笔记，或者你找了 5 个达人同时推你的笔记，那么应该怎么投放呢？你可以先花少量的钱，比如 50 块钱对一个账号做测试，这样 5 个账号就是 250 块钱，从中筛选出数据最好的那个账号，然后多加一些钱持续推广。

5.15.3 投放时间的选择

一般来说，小红书的阅读群体会在下午 18:00 开始逐步增多，因为 18 点是很多人下班的时间，大部分人都在公交或地铁上，正好可以刷一刷小红书。如果选择这一时间段投放，会给你的笔记带来不错的阅读量。

另外，投放时长选择 6 个小时左右就可以了。如果你的金额比较大，比如大于 200 元，就可以增加投放时长，投到 12 小时。因为你的金额越小，投放的时间越长，这个效果就越不明显，从而让你的笔记阅读量提升得越慢。

5.15.4 直播间投放

小红书薯条是可以投放直播间的。如果你的企业号在做直播，或者帮与你合作的达人投直播间，薯条投放是一种不错的方式。注意一定要在合适的时间，比如中午或者晚上进行投放，这样可以帮你吸引到更多的人。

薯条是给你的笔记或者直播间引流的，其实它和爆款笔记还是有所不同的，属于人为的干预加热，所以在投放的时候一定要合理分配费用，而且一定要提前优化笔记，也就是把你要投放的那些笔记的图片做得更好一些。这和电商里经常会优化主图和详情页一样，都是为了增加消费者点击的欲望。

5.16 复盘与总结

很多品牌方做小红书投放之后，在项目结束时，基本上都会做一次复盘，以确定此次投放是否成功、是否要接着投放，看看其中有没有问题是下一次可以规避的。这也是复盘与总结的意义所在，并不是说我们投放之后就可以不管不问了。

对于复盘，一般会从以下几个维度来衡量。

5.16.1 笔记的收录量

这点我们可以通过搜索品牌的关键词或者产品名称来查看，尽管小红书种草并不是每一篇笔记都能被收录。正常来说，如果你投放100篇能够收录50%，就已经算不错了，那么这个标准其实很直观，收录越多，说明你的笔记被别人看到的机会也更多，当然有时候有一些笔记可能今天没被收录，后天突然被收录，这种情况也有，但可以忽略不计，我们只需从整体的数量上来衡量就可以。

5.16.2 赞藏评的质量

一般来说，小红书的笔记只要内容质量还不错，基本上都会有一些点赞、收藏和评论。这样我们就可以通过以往发布的一些笔记所得到的点赞、收藏和评论数量来衡量此次投放的成功与否，如果点赞、收藏和评论量比较高，就说明它的影响力还不错。当然对于一些点赞、收藏、评论量刷数据的现象可以忽略不计，因为这不可避免。

如果一个账号的粉丝只有几十个，点赞数量只有 10 个左右，其实已经算是很不错的笔记了；如果是一个千粉账号，能有 20 个左右的赞藏评数量，也是一篇不错的笔记；如果是一个万粉账号，赞藏评数量三项能够达到 60 个以上，也算是不错的笔记。这与我们看抖音上的一些千万级粉丝的博主一样，有时他们的点赞数量只有几万，直播间只有几千人。

当然爆款笔记除外，因为爆款笔记的赞藏评数量一般都是 500 起步。这类笔记有一些小技巧，这个我们在后面会详细解说。

5.16.3　小红书笔记的排名

小红书笔记的排名十分重要，很多人也都会追求笔记的排名。比如我们投一款袜子产品，如果搜索"袜子哪个品牌好？""袜子哪个品牌比较耐用？"这样的长尾关键词能够看到我们的笔记，而且排名比较靠前，就说明这是一篇比较成功的笔记。因为在小红书平台上，笔记排名如果靠前，一部分是平台系统认定的自然排名，还有一部分是通过技术手段临时冲上去的，自然排名是非常优良的一个结果，但是临时冲上去的，只能是短暂的停留，很容易掉下来。很多知乎上的排名就是通过技术手段冲榜的，所以很快就掉了下来。如果我们在 100 篇笔记里能够出一篇占排名的笔记，就说明这次投放已经取得了不错的效果。

5.16.4　薯条的投放效果

不管是投放薯条还是信息流，都可以从后台查看。如果你的薯条点击率低于 10%，说明这并不是一篇优质的笔记，这很有可能是封面或者标题的问题，这时就需要优化一下；如果你的薯条有 10% 以上的点击率，说明这是一篇还不错的笔记，可以作为继续追加投放的备选。

5.16.5 树立笔记标杆

值得注意的是，尽管有不少机构口口声声对品牌方说可以打造多少多少爆款，实际上如果不是走的官方平台，所谓的爆款都是人为干扰，即美化过的。虽然小红书笔记成为爆款的概率并不是特别大，但要想成为一篇优质的笔记还是比较容易的。我们可以在以往所投放的笔记中挑选一些数据比较好的，尤其是可以从一些素人笔记里挑选一些数据比较好的，因为素人本身粉丝比较少，如果他们的笔记能够获得不错的阅读量、点赞量、收藏量和评论量，就说明笔记内容确实不错，这时可以把它们当作标杆样板，以供我们在进行第二轮投放或者复投的时候参考和模仿。虽然这样不能保证会产生像前一篇那样优质的效果，但起码有标杆就不一样。

第 6 章 小红书种草策略方法论

小红书种草并不是简单地铺笔记，而是有着很多策略和技巧。比如不同发展阶段的种草就迥然不同，不仅在账号的选择、账号比例的分配、资金的分配上有一定的技巧，同时在关键词的选择上也有相当的讲究。这一章节主要介绍一些小红书种草的相关策略。

6.1 小红书种草策略必看

小红书种草是有策略而言的，并不是盲目地去做就可以。有一些品牌的负责人或者老板认为，小红书种草就是给品牌方一些钱，让品牌方们去找别人合作，简单地种草发布完事。但实际上这根本就不是策略，而是彻头彻尾的"拍脑袋"。

对于很多公司的市场营销部门而言，小红书种草的成功与否已成为年度业绩考核的标准之一。毕竟大家都在做小红书种草，如果你没有种下草，没有吸引到流量，肯定会被判定为工作不合格。

下面我们就讲一讲关于小红书种草最常见的基本策略。

6.1.1 内容的真实可读性

在小红书上种草，主要就是为了给消费者看。现在的消费者有很多种选择，他们可以去看抖音、快手、B站，那么为什么要来看小红书呢？其实就是想看一下小红书上自己喜爱的产品的口碑风评。由此可知，他们最希望看到真实的内容分享，那么在小红书上种草要呈现给他们真实的内容分享。

之前有一个品牌方提出的要求比较奇怪，他说他的种草笔记一定要看上去比较专业，一定要文笔流畅。实际上这是一个误区，因为真实的笔记分享是比较朴素的，其实就是写得可能不是那么好，文笔也可能不是那么流畅，但是有个最大的特点就是很真实，甚至会有几个错别字。也就是说，不要求你写得很专业、很精练、很文艺范儿，但要求你写得真实，这样的笔记才是消费者最愿意看到的。

所以千万不要用专业的眼光去看笔记，否则一篇笔记里可能全部都是产品的卖点、黑科技之类的。消费者其实并不愿意看这种太专业的笔记，而最愿意看真实的使用体验和感受的分享。

笔记宁可写得一般，也不要写得太过专业化，这一直是我们公认的一条笔记准则。更何况现在的很多消费者和达人，即使写作能力再差，也不至于差到连产品卖点都表达不好。

6.1.2　合理的账号比例分配

合理的账号比例分配非常关键。有些品牌方一上来就说要做100篇笔记，并且全部要用素人去做。这样的操作并不是不可以，而是素人的账号影响力有限，你铺了100篇笔记，能够看到的人并不是很多，可能只有几千到上万人。除非为了让别人通过搜索看到你的品牌，否则仅靠素人笔记作用并不是特别大。素人笔记的最大作用就是占关键词，给品牌搜索提供一个展现的机会，这点在前面我已经提到过几次。毕竟当消费者有意向买你的产品时，如果在小红书上一搜索，发现没有任何笔记，就会觉得你的产品并不是很火，如果一搜就搜到了，就会觉得你的产品还可以。当然这仅限于产品有一定的影响力，如果你的产品影响力不是很大,消费者连你的品牌名都不知道,搜索也就无从谈起了。

我一个做广告的朋友说,但凡喜欢做素人笔记的公司,基本上都是没钱的公司,否则就说明老板真的是抠门,不愿意投入。这是一句实话,也是很残酷的现实。

小红书种草一定要按比例来,毕竟大部分企业的预算都有限,不可能全部都投大号。

那么对素人、达人以及大号的比例就要做一个深入的布局,正常情况下大致的比例应该是:头部达人和中腰部达人和素人的比例是 1:5:20。这是常规的比例,具体还要看操作中的产品,如果你的产品竞争力比较大,那么可以适当地增加达人的数量,如果你的产品竞争力比较小,那么可以增加素人,达人数量可以减少一些,如图 6.1 所示。

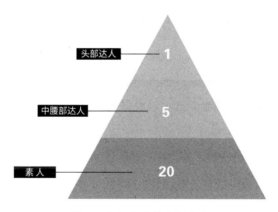

图 6.1 小红书账号比例分配

关于图文和视频,一般情况下可以按 7:2 的比例投放。如果你的视频生产能力比较弱,只能够达到 9:1,这个数量也是不错的。当然,在费用方面也应该按一定的比例投放。

正常情况下,针对博主笔记的投放应该达到 65% 左右,针对小红书信息流广告的投放应该达到 20% 左右,针对薯条的投放约为 5%,针对博主直播的投放约为 10%,小红书费用比例分配如图 6.2 所示。

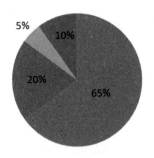

图 6.2 小红书费用比例分配

值得注意的是,当一些笔记有了一定的热度,而且它的内容还不错,把薯条的投放比例提高到 20% 左右都可以。

6.1.3 注意追踪热点

与抖音等平台类似,小红书也有自己的热点,而追踪热点的目的其实就是蹭流量。比如最近某一部电视剧比较火,里面的某个明星有一款妆容很受大家喜欢,那我们就可以根据当下热播的电视剧来制作一款笔记:

庆余年鸡腿姑娘妆容;

上海电影节明星妆容大盘点;

……

互联网上每天都会爆出很多热点事件,不管是影视剧、明星,还是社会、时事,都可以成为我们打造笔记的素材,我们可以围绕这些热点制造我们的笔记或者视频内容。这不仅是个人号可以操作的,企业号也一样可以操作。只不过企业号要稍微注意一下不能侵权,毕竟蹭流量是一种能快速实现曝光的方法,很多品牌就靠这种方法获得了大量的关注。

6.1.4　占据关键词

占据关键词非常重要，因为关键词就是消费者可以搜索的词汇，如果能布局好关键词，就可以带来很多流量。

如果你是做小家电产品的，那么关于小家电产品其实有很多相关的关键词，比如：

蒸蛋器哪个好？

蒸蛋器怎么用？

……

这两个关键词在小红书上的笔记数量都至少有 2600 篇，如图 6.3 所示。

图 6.3　"蒸蛋器哪个好"和"蒸蛋器怎么用"有很多笔记展示

上述关键词就属于热门关键词，热门关键词的竞争压力也特别大，即使铺了笔记也很容易下沉。所以不能把宝全押在热门关键词上，可以找一些竞争没那么激烈的关键词，也就是冷门关键词，这样就有利于我们的排名展现。

这里还以蒸蛋器为例，我们可以从不同的角度去发散思维，锁定关键词。比如我们从蒸蛋器的使用角度去发散思维，按常规来说，蒸蛋器就是用来蒸蛋的，那是不是也可以用来蒸一些别的东西呢？比如蒸个土豆、蒸个紫薯。如果是这样，我们就可以再设置一个关键词：蒸蛋器蒸紫薯，如图 6.4 所示。

同时我们还可以从使用场景的角度去布局我们的关键词，比如有一些学生喜欢在宿舍里吃个火锅、做个烫菜、蒸个蛋等，那我们就可以再布局一个关键词：蒸蛋器宿舍，如图 6.5 所示。

图 6.4 "蒸蛋器蒸紫薯"这一关键词也有大量的笔记展示　　图 6.5 "蒸蛋器宿舍"这一关键词很受学生欢迎

我们还可以继续发散思维，很多蒸蛋器可能比较常规，并不是那么讨人喜爱，毕竟现在的年轻人，尤其是小红书上的年轻人，都喜欢找一些不仅实用而且有创意好玩的东西，那么我们就可以布局一个关键词：创意蒸蛋器。

总结下来，我们可以用的关键词主要分为以下几类，下面以手机行业为例进行说明。

一、品牌词，就是品牌名称，比如：苹果手机。

二、核心关键词：智能手机、安卓手机。

三、热门关键词：手机哪个牌子好？手机品牌推荐。

四、长尾关键词：哪个品牌的手机打游戏不卡？

五、场景关键词：哪种手机适合办公？哪种手机美颜好？如图 6.6 所示。

所以不管是场景，还是使用者的年龄层次，我们都可以从不同的角度进行多方位的发散，然后去布局我们的关键词。

我们还可以通过热门关键词加冷门关键词的组合方式来推广我们的笔记，这样我们的笔记就不会在热门关键词中石沉大海了。

图 6.6 "哪种手机美颜好"这一关键词也很受年轻人关注

6.1.5 PK 竞争对手

曾经在给一个企业提供品牌策划方面的咨询服务时，跟对方说了这样一个观点：中国的很多品牌，虽然做不了老大老二，但经常会把老大老二当作标杆、当作竞争对手，实际上人家并不是它们的竞争对手，这是为什么呢？

一方面是为了显示自己做大做强的决心。比如某某品牌是这个行业的 NO.1，那么一个小品牌诞生之后，就会说自己也要成为这个行业的某某某。

另一方面其实就是为了蹭这些头部品牌的热点流量，跟它们作对比。比如品牌方新出了一款产品，销售人员就会说自己的产品和行业第一的某品牌的产品品质不相上下，但价格比它们要实惠。

所以很多时候品牌 PK 对手并不是真正地 PK 对手，而是利用对手的能量给自己赋能，这种情况在小红书上也是非常多见的，如图 6.7 所示。

其实做小红书也一样。

首先一定要有自己的对标品牌，看看哪些品牌是自己所在行业的老大老二或者排名前五，然后看一下它们的企业号是怎么运作的、它们是如何

图 6.7 某品牌和纪梵希等大品牌 PK

找明星合作的、它们是如何找达人合作的。当然各个企业所拥有的资金是不同的，头部的企业有很多资金去运作小红书，那么作为没有太多钱的中小企业，应该怎么办呢？

其实方法也比较简单。我经常跟很多品牌方说，如果你的预算没这么高，你就盯着你所在行业的老大老二，然后找到它们所投放的账号。这个很简单，你可以直接通过小红书的搜索，或通过婵妈妈等系统来查看你想看的品牌，如图 6.8 所示。

图 6.8 通过婵妈妈系统在某品牌后台查看的笔记数据

找到它们所投放的账号后，可以列一张表格，比如你找到了 30 个笔记排名比较靠前的账号，然后你从中挑选 10 个账号进行投放，毕竟如果全部投放，资金压力会比较吃紧。

另外还有一种投机取巧的方式比较有效。比如你的同行投放了 50 篇笔记，那么评论区就是一个可以利用的渠道。以前有一个客户因为没有足够的钱去做投放，有人就和他说：你去找一些人，把你的竞争对手的笔记全部评论个遍，记住不要在评论区很直接地说他的产品好或者不好，可以一起夸，顺便说某某某品牌的东西我也买过，很不错。

比如：这个品牌的吹风机我也买过，确实很好用，速干还不伤发，和我之前买的 ××× 品牌的吹风机有一比，它们是我用过的最好用的吹风机。

一般来说，博主都希望有人来评论自己的笔记，而且很少主动删除评论。

总而言之，PK 竞争对手并不是真正地 PK。毕竟市场是足够大的，我们没必要通过贬低一个品牌来拔高自己，而且贬低对手在小红书上是不被允许的，属于违规行为。这是品牌方应该注意的。

6.2 不同阶段的种草策略战法

关于这部分内容，我在前面已经简单地提到过，就是小红书不同阶段的种草策略也是不一样的。如果是一个成熟的品牌，产品在小红书上已经有了不少笔记，那么策略就是多投放一些明星达人和头部达人，或中腰部达人，少投放一些底层的达人或者素人，因为成熟品牌的产品本身就会吸引一批消费者免费种草，而消费者大多有从众心理，如果看到这款产品比较火，自己买了之后也会想在小红书上分享一下，并谈一谈自己的感受。

所以成熟的品牌只需要在中腰部以上的达人上下功夫就可以了，而且一般也不需要做得特别多，只要能够保持品牌热度，有一些真正的大咖级的意见领袖就行。这个可以根据自己的预算，每个月投 10 篇或者 20 多篇。

总结，成熟品牌：明星 + 头部达人 + 中腰部达人。

那中小品牌和新锐品牌怎么办？

如果是一个新锐品牌，或者正在发展中的品牌，笔记数量在小红书上比较少，那么首先就要把基础性的工作做好。

6.2.1 第一阶段：以宣传品牌为主

因为你是一个新锐品牌，从哪里来到哪里去，别人都还不是很清楚，所以这一阶段在推广宣传时，应侧重把品牌的内容讲清楚。比如产品内容，可以说你的品牌有哪些黑科技、有哪些专家给你做背书等。如果你直接说你的产品如何如何好，就会让很多人觉得你这个新品牌又在自吹自擂，所以先把品牌有价值的内容搬出来，效果会比较好。如果感觉真的没什么可说的，就可以从产品卖点上下手。

6.2.2 第二阶段：以产品的功效介绍为主

第二阶段是在第一阶段的基础上，一般是关于品牌的笔记达到了至少 100 篇，再开始布局与产品功效相关的笔记。虽然有些品牌一上来就大说特说产品并没有错，但建议还是先把品牌基础的东西丰富一下，然后再去推产品。

而在账号的选择上，新锐品牌一定要先从素人做起，等素人有了一定的基础量，比如达到 100 篇，再投一些中腰部达人，如果费用预算充足，还可以投一两个头部达人。

这样，就形成一个阶梯式的投放。

以上我们是从品牌的成熟与否这个角度来阐述小红书的种草策略，

但在实际操作中,很多时候我们都是根据时间线来决定小红书的投放节奏和策略的。

一年有很多个节日,比如2月份的情人节、3月份的妇女节、5月份的女生节、6月份的618、7月份的七夕节、8月份的818、双11、双12、元旦、年货节等。

如果再加上品牌方店庆之类的日子,节日更是非常多。

一般来说,每年最重大的促销节点就是双11,那我们就根据小红书官方发布的双11种草拔草商家投放攻略展开讲解。

小红书官方把双11前后的促销活动分成了4大节点,如图6.9所示。

图6.9 小红书双11的4大节点

1. 9月到10月初的蓄水期

这一时期主要是测试笔记的内容,如果你的品牌准备做双11活动,那么这一时期可以投一定的笔记,然后分析哪些笔记的内容质量比较高,以此在消费群体中混个脸熟,加强消费者对你的品牌的认知。那么这一时期所投放的就是笔记,以及把笔记加热的薯条。

官方给出的建议是蓄水期的费用占整个双11投放费用的30%左右。

其实对此,我个人有一点不同的看法,如果将30%的费用花在这一时期,对于一些比较成熟的品牌来说没有问题,对于一些发展中的品牌或者新锐品牌来说则有一定的压力,我个人的建议是下调至10%左右。因为基本上9月到10月很多人都在憋着力气等双11再购买,所以这个时候我们只要适当地投放基础性的笔记就可以,甚至可以不用薯条加热,更何况现在的双11在直播的冲击下吸引力已经远不如从前。

如果在这一时期投放笔记,最好是以一些素人和千粉、万粉左右的账号为主。数量可以不用太多,每天5~10篇即可,贪多投放并不好。

如果你是企业号，可以在企业号上做一些优质的笔记，然后进行薯条投放，帮助你的企业号涨粉，为后期的双11卖货打下基础。

2. 冲刺期

根据官方平台的发布，10月一整月都是冲刺期。

冲刺期的目的其实是为双11的大卖奠定最后的基础。在冲刺期很多费用会消耗掉，所以除了与达人账号合作以外，也要通过薯条及信息流的组合进行投放。

如果这一时期投放达人，可以按照素人和达人1:8的比例进行。

这个比例仅供参考，不同类目的比例可能会有所不同。但这一时期原则上是少量投素人，把费用多摊给中腰部以上达人。

同时在达人的账号选择上也有一定的讲究。如果你是做服装类目的，可以把大约50%的费用投在服装穿搭类的博主上，那么另外50%的预算可以用于找一些美妆类或美食类的博主进行合作，只要他们愿意帮你投即可。因为这样可以帮你出圈，覆盖不同层面的粉丝群体。

这一时期的费用，基本上要消耗掉30%～35%。

3. 拔草期

拔草期其实就是从11月1日一直到11月12日。

这一时期很多消费者都已经蠢蠢欲动了，会经常在网上仔细地看一些产品，然后通过小红书平台进行比较，以决定是否购买。一旦我们的笔记在这个时候出现，就会强化这些潜在消费者的购买意愿，使他们愿意把我们的产品提前加入购物车，等双11的时候直接下单。

所以这一时期的种草一定要刺激他们做好下单的准备，我们可以通过少量素人和一些大号的组合去投，但并不需要特别多的数量，具体可以通过笔记加信息流加薯条的方式进行组合投放，费用预算也在整体的30%左右。

这个时候的笔记可以倾向于促销活动的露出，比如发布一篇笔记，里面带入类似这样的句子：据说他们家双11也在搞优惠活动。

这样很多消费者在看到笔记之后，就会留意你的品牌，然后可能会去天猫、京东或者小红书商城上查看。

此外，在销售产品的同时，可以让客服告知消费者，或者发货时在里面放上一张卡片，内容就是：如果您愿意将我们的产品分享到小红书平台，凭截图可以领取五元红包福利。当然这个金额只是举例，实际金额品牌方可以自己定，有利于品牌的二次传播。

4. 返场期

在很多人看来，返场期是一个鸡肋的阶段。因为很多消费者已经在双11购买了，那么11月11日之后的这一段时间即返场期，热度必然会下滑，很多人就不太想去小红书上搜索，也不太愿意去平台上浏览了。那么这个时期我们也不要闲着，所有的费用基本上就投在一些基础性的素人和底层的达人上，并不需要太多的投入，只要保持基本的热度即可，信息流和薯条可以暂停投放。我们可以搜索一下整体的关键词，看看我们品牌的排名是否靠前。

比如你是做防脱发洗发水的，就可以搜索关键词"防脱发洗发水哪一款好"，然后看能否看到自己的排名，如果看不到，可以适当进行一点加热或优化修改。

总之这个时期起的是辅助作用，并不需要花太多的时间、精力和金钱。

其实双11这个投放策略不只是双11可以用，在618、818这样的时间节点也可以作为参考，只不过投放的量应适当减少，毕竟这些节日不像双11的影响那么大。总之，我们要根据品牌发展的现状以及品牌在小红书上的实际情况做到有的放矢。

这里要提醒的是，如果你的品牌在小红书上没有官方商城，为了让消费者知道在哪里购买，可以通过在评论区一问一答的方式实现，比如A账号在评论区问：请问这个产品在哪里买？店铺名称叫什么？B账号就会进行回答：某某某旗舰店，如图6.10所示。

这样消费者一看就知道在哪里购买，有一些会直接说某猫、某淘、某某旗舰店，以此规避平台的敏感词查询机制，这就是一个简单的引流小技巧。

6.3 平台的审核规则

自从经历炫富门、电子烟等风波之后，小红书对平台的内容审核越来越严格，从初步的机器审核机制升级到AI技术巡查、人工加消费者举报的多重审核机制，目的就是净化小红书的内容生态，把一些不良的笔记从源头上直接拿掉。可见在小红书上的种草，不管是图文还是视频，都有着严格的审核。所以，你的图文笔记或视频笔记，切忌出现以下情形的内容，否则将不容易过审。

图 6.10 小红书评论区回复引流到淘宝店铺

6.3.1 不准带店铺名称

小红书笔记允许带品牌名称，但是不允许带店铺名称。消费者可以通过品牌名称在小红书商城中找到你的产品，但对于店铺名称则可能会认为是淘宝的店铺名称，或者天猫、京东的店铺名称，就相当于小红书平台为别的平台做引流了，所以这是小红书平台所不允许的。

如果真想带店铺名称，其实也是有一定技巧的，比如在评论区通过评论互动说是在某某店铺购买的，或者在某猫、某东购买的，这样可以规避一些风险。如果你在笔记当中直接植入天猫、京东以及店铺名称，则很容易被判违规。

6.3.2 切忌夸大宣传

小红书平台讲究内容的真实性，如果你分享一篇笔记，过于夸大产品的功能，就会被平台认为是在误导消费者而不被允许。尤其是一些医美类和口服保健类的产品，很多品牌方都喜欢在笔记里加入"改善基因""活化细胞""提高免疫力"等带有明显功效型和医疗术语的字眼。

还有一些减肥类的产品，以前最喜欢说半个月瘦10斤、7天瘦5斤等这样的词句，这在小红书平台上也是不允许的。

6.3.3 违反《中华人民共和国广告法》的宣传

《中华人民共和国广告法》自从颁布以来，也被引入各行各业。比如《中华人民共和国广告法》中明令禁止的极限用语，如第一、世界最好、中国首家、中国首创、全球首创等都是不允许用的，除非你真的能拿出实实在在的数据来证明。

而且跟国家政府等有关的内容也是不允许的，即不允许以国家的名义为品牌做背书。

6.3.4 禁止抄袭，以及粗制滥造文章

抄袭这一行为在任何平台上都是不被允许的。很多人为了节省时间，耍小聪明，搜索别人的笔记，把别人笔记的内容复制并粘贴或者做小部分的更改，以为平台发现不了。其实现在的大数据算法完全可以通过识别笔记中的句子来判断你的内容是否为抄袭或者伪原创，一旦被判定为伪原创，这篇笔记即使侥幸通过审核，也得不到很多推荐。

而且对于图片，平台也要求原创。如果你的图片是从百度搜索而来的，或盗用别人的，机器都是可以识别出来的，一旦被判定为盗图，你的笔记就会被系统认定为是违规的笔记。

有些人为了偷懒,就通过一些 AI 写作,或者随便写一些可读性很差的文章,里面有很多错字以及不通顺的语句,这样的笔记也是不会通过审核的。

6.3.5 禁止含有过度促销信息

一般来说,如果在笔记里带一些少量的优惠活动或者促销信息是可以的,但是要回避相关字眼,或用拼音替代。如果你的笔记里出现了好几次关于促销、买赠、限时特惠、过时不候这种引诱别人购买和消费的内容,就很容易被判为违规。

6.3.6 禁止含有第三方平台的信息

不管是内容中还是图片上,如果出现了二维码、微信号、QQ 号以及一些其他的联系方式,都是不允许的。

那么一旦被小红书判定为违规笔记或者需要修改的笔记,应该怎么办?

一定要尽快解决,不要拖沓,及时整改问题,否则账号会被平台屏蔽。整改之后要定时查看,看一看有没有通过审核,如果还是没有通过审核,建议删除后重新发布经整理修订的笔记。

如果你认为自己的笔记是没有问题的,可以提起申诉,交由小红书平台的工作人员判定。

图 6.11 所示为一些违规笔记。

图 6.11 小红书上的一些违规笔记示例

6.4 什么样的笔记会上热门

相信大家对上热门这个词都非常熟悉，尤其是在抖音上，动不动就是上热门，小红书平台上也一样存在上热门，指你的笔记被平台推给很多人，以便大家都能够看到你的作品。

当发布一篇笔记之后，小红书平台系统会给笔记打上标签，进而推给与之相关联的人群。

那么什么样的笔记容易上热门呢？

6.4.1 优质的笔记

任何平台，肯定都会推荐优质的内容。一篇粗制滥造没有用心的笔记是不可能得到平台推荐的，平台也不允许这样的事情发生。所以不管是在机器算法还是人工审核之下，只有足够好的内容才可能得到推荐。

小红书所推荐的优质笔记一定是内容可读性强、可参考价值强、真实性强，没有违规和敏感词汇，而且图片的处理或视频的剪辑非常精良，在视觉上很吸引人，让人容易产生点开的冲动。另外，整体的排版布局非常清晰明了，不会给人以错杂凌乱的感觉。

6.4.2 账号垂直度高、权重高的笔记

小红书账号非常注重垂直度，如果你的账号上今天发美妆，明天发服装，后天发保健品，大后天又发旅游或探店，那么这样的账号会被小红书平台认为不够垂直，虽然也会给你的笔记一些流量，但并不会特别照顾，所以上热门的概率也就比较小。小红书上很多笔记，尤其是流量高的笔记，如果点开他的主页去看，就会发现主页风格整齐划一，看起来非常舒适，美感度极强，而且内容非常垂直，比如做好物分享的就做好物分享、做女性相关的就做女性相关、做食品类的就做食品类的、做知识类的就做知识类的，总之有一个细分领域是这个账号所专攻的内容。

6.4.3 能够解决用户痛点的笔记

虽然小红书是一个种草平台,但很多人习惯把它当成一个搜索工具,比如皮肤被晒伤了,可能就会去小红书上搜索"皮肤晒伤怎么办?"那我们就需要有一些专业性的笔记告诉消费者皮肤被晒伤之后应该怎样处理。除了告诉他用一些物理方式,比如冰敷外,还要告诉他用什么样的产品来应对晒伤,只要能给消费者提供专业性的解读,而且语言足够有趣有看点,那么这样的笔记就是很受欢迎的。

曾经有一个博主,做了一篇笔记,本身是想植入一款麦片,但是如果直接去做麦片,肯定会比较生硬、比较广告化,于是他就给这篇笔记取了一个标题:孩子怎样吃能够长到1米8?

通过这个标题,然后配上一些专业性的内容,告诉读者孩子吃哪些东西可以长高个,很自然地就植入了产品,产生了非常好的效果。这篇笔记在一两个月的时间内有了几万的阅读量,获得了1000多个赞,而且全都是自然流量。

6.4.4 故事性场景的笔记

现在很多人玩小红书只是为了分享,并不会刻意加入一些场景式或者故事式的描述。但是故事性的东西是人人都爱看的,也更容易受到推荐。

比如一般人写一款防脱发洗发水,可能就是:我用了这款洗发水之后头发比较柔顺,既不干枯,也不分叉,还不掉发了,然后它的香型也比较好闻等。

拥有高水平文字功底的人,会写成带有一定的故事性或者场景性的笔记,如前几天我闺密去相亲,当时她不好意思一个人去,就让我陪她去,她相亲的对象其实是我的前同事,我想把我闺密介绍给他,后来我闺密没看上他。我就问我闺密为什么,她一开始还不愿意说,后来在我的逼问之下,才说他从外地出差刚回来就匆忙过来见面,没诚意。我说这个肯定不是真正的理由，后来她才说他头发太油，可能会早秃，人看起来很油腻，不想以后孩子头上没头发……

由此引出这款防脱发洗发水，说他后来用了之后如何如何。

像这种带有故事性、场景性的内容大家都会比较爱看，就跟在抖音上大家都喜欢看故事、看有趣的内容一样。

6.4.5 标题要生动，能够引起共鸣

小红书笔记是否吸引人，其实有两大关键因素：一个是图片，图片要精美好看有意思；另一个就是标题，好的标题很容易吸引大家点击，尽管不提倡大家使用标题党的方式，但可以作为一种取标题的手段。

那么下面就有几种标题供大家参考。

1. 场景式的笔记标题

找到了带冰咖啡上班的完美保温杯，如图 6.12 所示。

这个标题其实取得就不错，因为它带有很强烈的场景性及代入感。天气热的时候，很多人都想喝一杯冷饮、一杯冰咖啡，那么就通过这样一款保温杯来帮助大家实现这种愿望。

2. 测评类的笔记标题

7 款冬季平价保温杯，20 块钱颜值担当，保温担当，如图 6.13 所示。

在这个标题中我们可以看到，这是一篇对比测试的笔记，很多人购物的时候喜欢看测评，毕竟货比三家才不吃亏。而且这里面还隐藏了一个极其重要的关键词，就是 20 块钱颜值担当，20 块钱是一个平价的体现，很多人一看 20 块钱就觉得很便宜，也就愿意点进去看。

3. 捆绑大牌类的笔记标题

捆绑大牌相当于蹭流量，就是跟大牌作对比，或者借着夸赞大牌夸赞一下自己，比如：星某克同款大牌保温杯代工厂 1 折买同款，如图 6.14 所示。

这个标题中隐藏的信息非常丰富，他把星巴克这种知名品牌与这篇

笔记捆绑在一起，然后还加了一个很致命的诱惑，就是 1 折买同款，由此吸引了很多人的关注。

图 6.12 场景式的笔记标题

图 6.13 测评类的笔记标题

4. 捆绑明星类的笔记标题

很多时候明星会在各种娱乐新闻上透露出自己的衣食住行、所用化妆品等，那么一些比较机智的博主或品牌方就会去蹭热点。毕竟明星在小红书上也是一个流量担当，有时候可以适当地蹭一下。比如这款水杯，就是蹭了明星的流量，标题中就有易烊千玺同款，如图 6.15 所示。

还有一些笔记获得小红书的推荐：赵露思同款史努比保温杯绝了。这两个笔记都捆绑了不同的明星，吸引了很多流量。但要注意的是，在

第 6 章 ● 小红书种草策略方法论

捆绑明星的时候,一定不要侵权、不要恶搞,要合法合规。

图 6.14 捆绑大牌类的笔记标题　　图 6.15 捆绑明星类的笔记标题

6.5 图文笔记好,还是视频笔记好

关于这个问题有很多品牌方问过我,也有很多玩小红书的博主问过我。

我们都知道,小红书早期是靠图文发展而来的。毕竟小红书刚成立的时候,视频还不是特别流行,而且视频对拍摄人员和剪辑人员的水平都有一定的要求,那个时候还没有诞生像"剪映"这样的手机剪辑软件。

现在随着 4G、5G 的快速发展以及各种剪辑软件的不断升级,再加

121

上抖音的助推，视频已经非常流行，大家开始从原先的看图文到了现在的看视频。

那么下面就跟大家说一下这两种笔记形式的区别和优劣。

6.5.1 图文笔记

图文笔记的制作相对来说比较简单，只要你会拍图，懂得美化图，然后写一些相对应的文字即可。

图文笔记的好处在于，可以通过文字的描述来展示产品的优点。这样用户在看这篇笔记的时候，不管是500字还是1000字，都可以很快速地滑到下面去，只挑一些重点核心的部分看就可以了。图片和文字存在局限性，不能很立体直观地把产品的一些特点展示出来，这就是它的缺陷。但它对于创作者的要求没有那么高，所以很多人都可以做出不错的图文笔记。

6.5.2 视频笔记

视频笔记真人出镜的比较多，这对于创作者的颜值有一定的要求。虽然现在美颜相机的功能非常强大，但是底子不能太差。视频笔记对产品的表现力度比较好，比如产品的特点或者局部的特写，都可以通过视频呈现，而且视频可以直接用于演示产品，从而加深很多人对产品的理解。

视频笔记时长不宜太久，一旦超过5分钟，很多人就不一定有耐心看完，从而会拉快进度条，这对于笔记有一定的影响。

而且视频笔记要求创作者对剪辑软件有一定的了解，有一定的剪辑能力。尽管现在有傻瓜式的剪辑软件，小红书也有自带视频处理的功能。

总之，图文笔记虽然好创作，但它有一个缺陷，就是不能完整地呈现产品的优点，而且很容易被一些无良的人模仿抄袭，随便改改图文就拿去发布了。而仿制视频就没有那么容易了，耗费的人力相对来说也会高一些，毕竟视频需要拍摄录制，有的时候前期还要写脚本，所以比较难。

当然，搬运的视频另当别论。

如果你的品牌有人力又有团队，可以优先考虑制作视频类的笔记，因为小红书当前也在推视频和直播类的内容，所以会给你比较多的流量分发。如果你合作的达人没有创作和剪辑视频的能力，那就只能用图文笔记，而且图文笔记有一个很大的优点，就是比较容易做合集类的笔记。这就类似于一些测评类的笔记，把几款产品放在一起做测评，即通过淘宝天猫去搜索其他品牌的产品，然后拿过来进行组合，重新排版做成合集类的内容。

图文笔记适用于服装穿搭类，毕竟很多服装穿搭都是要进行修图的，否则拉不出大长腿。

如果你是讲解一些知识或者做美食类分享的，就比较适合使用视频笔记。毕竟视频的表现力比较强，而且视频笔记可以用在其他的平台上，比如抖音、快手、B站等。

使用哪一种笔记，主要还是看需求，单从两种笔记的角度来说，视频笔记肯定会比较好，但制作成本比较高，所以品牌方要根据自己的实际情况选择。

6.6 如何让视频获得更多曝光

视频笔记如果想获得平台的流量推荐，首先一定要被收录，只有被收录的笔记才会有更多的流量。

6.6.1 合适的时长

小红书的视频跟抖音有些类似，只不过抖音的时长相对更短。小红书的视频相对友好的时长是 2～3 分钟，如果时间太长了，很多人没有耐心去看，那么视频的完播率就会大大降低。

小红书也有完播率的考核，因为一个视频笔记如果没人看或者观看了前面一小部分又退出去，就会被判定为不是很优质。而且小红书的数据显示，小红书上比较火的视频内容平均时长为 90～180 秒，太短或者太长都不太合适。

6.6.2 吸引人的封面

这一点也与抖音等短视频相似，一个非常好的封面是很容易吸引别人点击的。

这个提前在剪辑软件中就能设置好，可以做醒目的标题搭配和比较好看的字体颜色，也可以把笔记的核心内容提炼出来，放在封面上，吸引大家点击，如图 6.16 所示。

图 6.16 创作吸引人的封面十分重要

6.6.3 匹配关键词

一般来说，视频笔记的核心内容都在视频中，所以配的文字就没那么多。正常情况下在 100 字以内就可以，但是这 100 字需要融入合适的核心关键词。比如你在做一款红酒，就可以在里面写上：推荐给女生的一款平价红酒。

因为在小红书上面，红酒推荐、平价红酒以及女生红酒推荐，都是比较不错的热门关键词。所以我们要把这些关键词融入视频所配文案当中，以便消费者搜索。

6.6.4 带上话题标签

和图文笔记一样,视频笔记在发布之后也要带上话题标签,我们可以根据笔记的内容配上合适的标签,而在带标签的时候会弹出很多热门标签以供选择。

这里以"穿搭"为例,在带穿搭这个标签的时候,下面会自动弹出很多其他的标签,那么我们就可以选择几个合适的热门标签带上,这样系统就会把这篇内容推荐给对这些标签感兴趣的用户,从而增加笔记的播放量,如图 6.17 所示。

# 穿搭	7.4 亿次浏览
# 每日穿搭	11.8 亿次浏览
# 初秋穿搭	3.1 亿次浏览
# 日常穿搭	6.1 亿次浏览
# 秋冬穿搭	5.4 亿次浏览
# 显瘦穿搭	12.8 亿次浏览
# 秋季穿搭	1.6 亿次浏览
# 男士穿搭	2.7 亿次浏览
# 宝宝穿搭	2 亿次浏览

图 6.17 输入穿搭会出现很多相关热门标签

第 7 章 小红书的优化与关键词

小红书的优化和关键词决定了笔记的出品质量。很多时候一篇不错的笔记没有人看，其实不完全是内容的错，而是内容里没有合适的关键词，所以关键词的分析和布局也十分重要。这一章节，我们就从整体的运营和关键词角度来讲解小红书。

7.1 快！占据你的关键词

前面已经提到过好几次关于关键词的问题，小红书笔记之所以能够让大家看到，除了平台自然的推送以外，很多时候都是靠用户搜索。所以笔记中的资讯至关重要。那么对于小红书的关键词，我们可以从以下两点入手。

7.1.1 查询关键词热度

查询关键词热度的方式有几种，我们可以通过在小红书搜索框中输入关键词，比如"敏感肌"，那么它的下拉弹窗就会自动弹出一系列与"敏感肌"相关的关键词，这时可以从中找出比较合适的关键词，植入自己的笔记中，如图 7.1 所示。

当然我们也可以通过一些专业的软件，比如千瓜数据查询相关的关键词，了解其热度和趋势。如果你没有这款软件，也可以通过百度指数或者在百度的搜索框中输入，即可查看相关的关键词，如图7.2所示。

图 7.1 与"敏感肌"相关的一系列关键词

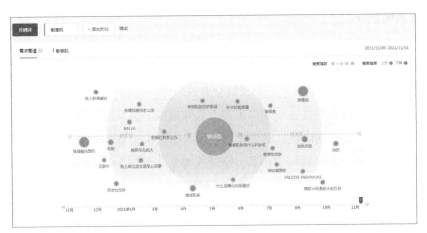

图 7.2 通过百度指数可以查看与"敏感肌"相关的一系列关键词

7.1.2 布局特色关键词

如果你是做美白类产品的，输入"美白面膜"，就会出现一堆相关的关键词，如"美白面膜""美白面膜推荐""美白面膜排行榜"等。

一般来说，排名在前几位的关键词，笔记都是至少2万篇起步，这个竞争就非常激烈。

那么我们就需要做一些热度没那么高的，比如笔记数量在几百篇到一千篇这个范围内的关键词,这样我们的笔记就不至于面临很大的竞争,更不至于石沉大海,如图 7.3 所示。

图 7.3 与"美白面膜"相关的一系列关键词

7.2 小红书的转化如何

之前已提到过小红书的转化,这里重复一下。有一次一个朋友跟我说,他的老板给了他 10 万块钱让他做小红书种草,当时并没有给出具体要求和硬性指标,而后来钱花到八九万时,老板问他钱花了多少钱、效果怎么样。

做内容推广的可能都比较了解,像种草这种品宣性的事情其实很难直接跟销售挂钩,很多公司老板会觉得做了种草,一定要有转化业绩,但是在小红书上种草并不是马上就会有效果的,而是一个慢热的过程。

朋友大致也是按上面的意思跟老板沟通的,说小红书种草出效果没这么快,需要一些时间。结果老板根本没听进去,认为是糊弄他,在开会时当场就把手中的杯子摔了,这让我朋友非常郁闷,心情很低落,想立刻离职,并问我怎么办。

我当天并没有回答他,第二天的时候把他的这个问题变成了一个话题,题目是"大家做小红书种草,有没有被公司要求业绩"。我在我的一个微信群里发了这个消息之后,发现 70% 以上的人都回答,公司表面上没有硬性的业绩要求,但是也会看具体的转化,如果真的不好,不一定会炒你鱿鱼,但是在小红书上的投放可能就会停止。

我想,这是很多做小红书运营的人都会面临的问题。

在现实生活中,做小红书种草是没有办法马上见到效果的。一般小红书种草必须达到一定的基础量,比如至少 500 篇或 1000 篇以上才有可能形成影响力,然后慢慢地发酵。它是一个慢热的过程,在慢慢发酵的过程中，很多人才可能会看到你的笔记，然后才可能会到天猫或京东上去搜索你的品牌，进而做出购买行为。这个过程相对来说比较长，所以小红书适合那些真正想做品牌、愿意去沉淀的企业。

正常情况下，在达到一定量的基础上，两三个月才能取得效果。有一些公司给了运营人员两三万块钱让做小红书种草，这样往往刚种了几十篇钱可能就用完了，所以根本没办法起到发酵的作用。

这里想说的是，如果公司的预算比较少，我们需要做的工作就很多，可能素人的种草要做，达人的种草也要做，但这一定是一个持续的过程，而不是一个阶段性的过程。阶段性的种草是没有办法做好的，更没有办法很好地转化。而且小红书的转化并不是消费者在看到你的笔记之后，就会马上跑到天猫或者京东上去购买，因为它有一个跳转到天猫或京东的过程，而在这个过程中又会流失很多用户。所以大家一直都觉得小红书商城的转化不理想，其实最主要的还是笔记的数量不够，没能形成一个效应，一旦形成效应，那么对小红书的信息流以及薯条进行组合投放，转化还是很不错的，只不过这个转化的标准绝不能用小红书商城的销量去衡量，而应该用整体的，包括天猫、京东在内的所有销售渠道的大盘去衡量。

7.3 小红书的品牌运营六招

这里所说的小红书运营 6 招，并不是 6 个步骤，而是 6 大板块需要做的工作内容。这些工作内容并不是固定的，也没有绝对的先后顺序，是可以同时进行的。接下来就详细说说这 6 招。

7.3.1 开通小红书企业号以及素人账号矩阵

小红书企业号是很多品牌在小红书上的标配之一。做企业号可以树立品牌的权威感与真实感，让消费者对品牌产生信任。

小红书企业号有着丰富的功能，品牌方可以把品牌相关的信息以软文笔记的形式在企业号上呈现，包括一些新品，这样就能很好地传递给消费者。

而且一旦企业号上有一些不错的笔记，就可以加热，比如用薯条加热的形式或者去投放信息流广告的形式，让更多的人看到。

素人账号也就是个人账号，公司可以让员工注册几个，然后由专门的人统一管理，或者各自管理各自的，在上面发布品牌或产品相关的内容，目的就是让消费者感觉这个品牌比较真实。另外，这些个人账号还可以去别的同行或者意向消费者的账号下进行评论。

所以一个企业号搭配几个个人账号，效果会比单一的企业号输出的内容更加丰富立体、真实可信。

7.3.2 优质笔记的打造

做小红书就是为了输出内容，输出优质的笔记，那么怎样输出呢？这个需要创作者有一定的功底，比较考验公司整个文案策划的能力。

一般来说，小红书的笔记最好是写得具有可读性，能够像故事一样有代入感，而不是一上来就直接讲产品如何如何，这样太过于生硬，也不利于消费者阅读。

比如我们写一款精华，不要一上来就写这款产品是在哪里买的、效果如何如何。

比较好的写作方式是：之前因为熬夜追剧，所以脸部容易出油，有一天跟同学聚会的时候，被大家问到脸怎么这么油，当时很尴尬，后来就入手了这款精华……

通过这样一些场景式、故事性的描写，会使笔记有更强的可读性，也更有吸引力，然后带入产品的相关特点功效，就能产生好的效果。这种写作方式类似于我们前面提到的故事式内容营销，如图7.4所示。

7.3.3 加大优质笔记的曝光量

不管是我们自己创作内容，还是跟达人合作创作内容，目的都是让更多的优质笔记能得到最大化的曝光。但受平台流量的分发机制，以及博主本身影响力等诸多因素的影响，有时一篇好的笔记并不一定能够通过自然流量让更多的人看到，这个时候就需要采取一些技术性的手段，比如通过薯条对内容进行加热，以达到预期目标。

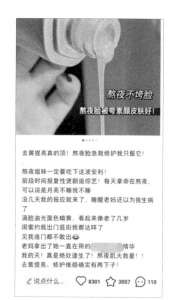

图7.4 熬夜精华的故事式内容营销

7.3.4 信息流投放

信息流投放对于品牌来说非常重要，因为信息流比较及时，而且能够经常变换内容，可以通过图文笔记、视频笔记的形式，让很多人刷到你的内容。这就和抖音上我们平时刷到的广告一样，一般可以用于主推产品。

信息流还可以定向选择受众群体，比如你是做护肤品的，那么就可以把这条信息流广告推给指定的女性用户，如果你有年龄层次的选择或者区域的选择，则可以通过后台设置。这样就可以避免很多无效的投放，毕竟关于护肤品的笔记让男生看到也没有什么用。

信息流广告还可以影响别的圈层的人群。同样以护肤品为例，如果你在一个美妆达人的账号上投放笔记，那么它所覆盖的群体基本上都是关注这个账号的粉丝；但如果你投了信息流广告，别的圈层的人群也能够看到这篇笔记,甚至一些关注服装和家居的人群也可以看见,这就打破了圈层和界限,覆盖了更多的人群。

7.3.5 关键词的匹配

关键词的匹配分为两种。一种是笔记中所植入的关键词。将关键词植入笔记中,主要目的是让消费者能够精准地搜索到相关内容,多方位地增加笔记的曝光量。另一种是关键词广告。在小红书平台上,品牌方可以购买一些关键词或者热词,从而更精准地实现对消费者的覆盖。

比如你是做面膜的,你想推一款烟酰胺面膜,那么就可以购买"烟酰胺面膜"这个关键词。这样消费者在搜索"烟酰胺面膜"时就可以在靠前的位置看到你的笔记内容,如图 7.5 所示。

还有一些品牌方会购买别的品牌关键词,比如购买一些国际品牌的关键词。比如你是一个国货产品,觉得"雅诗兰黛"的流量比较大,那么就可以去购买它们的

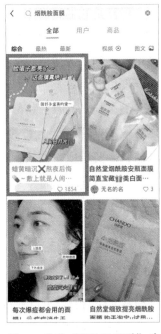

图 7.5 购买"烟酰胺面膜"关键词有利于更好地展示笔记

关键词,虽然这在一些平台上不被允许,但这个思路可供参考使用。

7.3.6 定期规划活动

定期规划活动很重要。很多人认为小红书就是投放笔记,其实笔记也不是随便投放的,如果你是为了推产品,就可以把笔记的内容侧重于产品方面。但当我们碰到一些节假日,比如情人节、618、双 11 等,或者发生一些比较大的热点事件时,就可以围绕这些时间节点或者事件节

点来做内容的规划。

可以说，每个时间节点都是购物的黄金时段。所以在前期的预热以及中期的销售过程中，都可以规划对应的内容。

比如你是一个做防晒产品的，618年中大促马上来了，在618之前可能会规划100篇笔记来做一个主题活动——防晒宠粉节，那么这100篇笔记主要说什么内容呢？主要说夏天如何防晒、如何科学防晒等相关内容。我们可以在这些笔记里植入618活动的相关信息，并在评论区植入店铺的相关信息，这样才能够实现落地。

总之，我们所有的笔记都是为了最终的销售而打造的。

上述6招其实就是做小红书品牌推广的必要步骤，从账号到内容再到活动规划缺一不可。

7.4 小红书信息流怎么投

前面我们提到小红书信息流的投放，那么具体应该怎么做？

小红书信息流投放是小红书运营中重要的组成部分，因为如果我们全部找达人合作，而达人的质量不错或者我们运气好，笔记成为爆款倒也没问题，但就小红书目前的情况来看，并不是所有的达人笔记都能成为爆款，而且会有一些达人笔记的流量不够稳定，有的笔记数据还不错，有的笔记数据可能就比较差了。

这时我们就需要通过薯条或者信息流来弥补这一缺陷。信息流相对于笔记来说，就是一种付费的推广方式，而且可以随时随地调整预算费用，而且从成本上来说，其实是相对低一些的，并不像达人账号的费用那么高，毕竟你付给了平台费用，平台也会给你一定的流量。

一般来说，信息流不建议马上投放，也是要有一定的笔记基础。比如有了100篇的基础量，再去投放信息流，这样效果会比较好。有些品牌一上来就去投信息流广告，这种做法其实太过粗暴，而且效果也并不见得好。

信息流广告也可以做得很精准,比如你可以设置自己的投放时间、投放范围以及投放时段,还可以选择性别、年龄、地域、城市,甚至可以选择兴趣爱好。

一般来说,信息流广告的投入费用可以占小红书整体投放预算的30%～40%,剩下的费用可以用来投笔记、搜索广告以及投薯条。

小红书信息流都是按照CPC的竞价模式,通过点击来计费的。所以当我们投信息流时,可以通过几篇笔记进行测试,如果发现有点击率还不错的笔记,就可以持续性地加大投放力度。比如一篇笔记的点击率能够超过10%,这就算很不错了。

如果你所在的行业是医美类、家居类、旅游类的,或者婚纱摄影以及教育类的,就可以通过小红书信息流的站内推广页进行投放。因为这一类广告点击进去就可以让潜在消费者参与填表,从而可以收集到客户的信息,以便后期跟进,如图7.6所示。

那么小红书信息流的投放,具体应该怎么做呢?

7.4.1 彰显首图

这个特别好理解,像淘宝直通车或者钻展,首

图 7.6 投放信息流广告以便收集意向客户的信息

图一定要做得精良、有吸引力,这样才能吸引更多的人点击。所以在首图上,我们一方面可以通过精美的图片来吸引用户点击,另一方面可以加上产品卖点,或能够解决消费者痛点的内容,从而提高别人的投放意愿。

曾经我给一个客户做信息流广告投放建议时,他们做的是一款面膜,

我让他们在图片上设计了这样一行文字：女巫都爱用的面膜。这样一行文字极具吸引力，当时的点击率达到了25%，这个点击率已经很高了。其实文案对信息流的作用非常大，毕竟信息流广告的呈现就只有几平方厘米，如果我们能把这点运用好，还是很有效果的。

7.4.2 内容要软性

虽然小红书信息流是一种广告，但大家千万不要按照硬广的形式去操作。如果把产品的卖点都堆积在其中，会导致这篇信息流内容的可读性变得很差，也很容易引起消费者的反感，大家一看是广告，可能会直接退出，这样对品牌是没有任何好处的。

所以这样的笔记一定要提前敲定好，确定好写作方向，落地之后再去做，而不是等博主做完我们再去做信息流广告，一定要未雨绸缪，把工作做在前头。

7.4.3 达人的选择

在做信息流广告时，应尽量选择头部或中腰部达人去投放，因为这一类博主基本上都有一定的粉丝基础，且在自己的垂直领域有一定的影响力。通过他们的笔记去做信息流广告投放，更容易获得消费者的信任，而他们的专业度也更容易引起消费者共鸣。从我们以往的测试来看，如果是素人的笔记，效果基本上是不及中腰部以上达人的。当然，如果素人的笔记的赞藏评的数据都很好，那么也是可以用来投信息流的。

7.5 对标大牌和竞争对手

在小红书上做品牌推广，除了要以自我为主，围绕自身的产品打造整体的推广内容和形式以外，了解竞争对手以及同品类的大品牌也相当重要。

首先来谈一谈竞争对手。我们在做小红书推广的时候,一定要对竞争对手做充分的调查,可以通过数据系统,比如千瓜数据去查看竞争对手笔记的投放数量、投放的效果以及达人的选择。据以制订一个适合自己推广的计划。毕竟每个品牌的特点都不一样,而且资金投入以及品牌的成长阶段也不一样,所以在竞争对手的选择上,可以参考他们做得比较好的,比如笔记的内容形式。如果你觉得这一篇笔记比较不错,就通过参考和模仿来打造一个相近的笔记,当然内容必须是原创,行文风格和句子构造则可以参考。

然后我们看看竞争对手在达人上的选择,比如他们挑选了10个头部达人、30个中腰部达人和200个素人,那我们就可以挑选一些类似的博主,按照比例挑即可。如果你的资金投入比较少,可以从中挑出你认为不错的2个头部达人、10个中腰部达人和50个素人。

挑选完之后就可以进行对等投放,你可以用与竞争对手同样的博主,也可以用与他们粉丝群体以及内容风格接近的博主。

我们还要关注一下竞争对手在薯条和信息流广告方面的投放情况,这样就可以对竞争对手有一个综合的了解。

对竞争对手的挑选一定不要太多,2~5个即可,然后从中进行优化。因为这5个竞争对手中,并不是每一个的笔记都做得很好,也并不是每一个达人用得都很好,我们可以把其中做得比较好的笔记和比较优质的达人账号挑选出来为我所用。

此外,小红书上的每一个品类都有一些大神级的品牌。不管是护肤品、服装、食品还是家居等都有一两个头部品牌,而且这些头部品牌的知名度比较高,口碑也不错,这就是可以利用的资源。

较高的知名度和不错的口碑意味着会有很多消费者来搜索这些大品牌。如果我们在笔记中植入相关的关键词,其实就相当于捆绑了大品牌,可以借它们的品牌知名度来为我们引流。

比如在抗衰老护肤品领域，赫莲娜是一个非常具有影响力的国际品牌，它出了一款抗衰老的面霜叫黑绷带，里面加了30%的玻色因成分。国内有一些品牌，也把玻色因加到了30%，但是因为品牌影响力不足，产品的销量并不是那么理想，于是有一些品牌就开始捆绑赫莲娜，通过与它们作对比实现引流。

因为一旦在笔记中植入了"赫莲娜"以及"赫莲娜黑绷带"这样的关键词，消费者在主动搜索"赫莲娜"和"赫莲娜黑绷带"的时候，就有很大的机会可以看到我们的笔记。

但是这里有一点要注意，当我们把大品牌的关键词植入我们的笔记中时，可以用夸赞和常规的描述去讲述这个大品牌的优点，而不要通过踩低对手来抬高自己。因为这样的做法是不被平台允许的，而且一旦这样做了，即使平台不给你太多的惩罚，对方的公关人员看到之后可能也会对你的笔记下黑手。如果这篇笔记被很多人举报，就可能成为废笔记。毕竟小红书一直倡导商业生态的良性竞争，不允许品牌之间互相碾压，否则会让整个商业生态变得极其势利。而且如果通过这种方式去挑事，会形成不良的竞争，到最后可能就会出现很多品牌倾轧对手以捧高自己的情况，这对于博主本身也非常不利。

所以我们的笔记只需要客观地陈述，甚至可以是夸赞。在这方面，我们可以找一些国际品牌来做对比，毕竟国际品牌跟国产品牌的竞争不在一个层面上，如果你是一个做服装品牌的，你的竞争对手可能是同类的国产品牌，那么就可以通过和国际品牌相比，提高自身的竞争力。

总之，我们在和竞争对手对比以及和大品牌对比的时候，一定要运用正确的策略和方法，比如通过数据进行对比，最终选择适合我们的账号以及营销推广方式。而对标大品牌其实就是为了让我们获得更多的流量，所以一定不要使用一些阴招损招，否则有可能杀敌一千自损一万。

第 8 章
小红书的违规禁地

要想做好内容种草，千万不能违规，否则笔记就得不到有效的展示，而且还会引发比较严重的后果，比如封号。那么关于小红书的违规禁地，我们一定要有所了解。

8.1 别和平台玩猫腻

在互联网领域，任何一个平台发展到一定阶段，都必然会遭遇一些苍蝇对大环境的破坏，小红书也是如此。

正因为小红书超高的人气，以及专注女性用户的特点，才会被很多不法分子盯住。之前小红书被国家强制性下架和处罚，就是一些电子烟以及涉黄等内容共同导致的结果。

所以从 2019 年开始，小红书对内容的审核变得极其严格，也封禁了一大批账号。而且随着这两年的商业化推进，小红书对于一些劣质笔记和违法笔记的打击，更是稳准狠。所以我们在做小红书营销推广时，千万不要想着和平台玩猫腻。

以医美行业为例，曾几何时，小红书平台上医美行业的种草非常疯狂，可谓违法违规笔记严重泛滥的一个领域。

很多医美类公司,尤其是整形医院,都通过小红书发布笔记。很多笔记中的人物并不是博主本人,而是整形医院提供的素材,且很多都有严重的夸张夸大宣传的行为。这严重误导了女性消费者的消费行为,扰乱了小红书社区的生态和用户体验感。

2021年7月27日,小红书在其微信公众号上发布了"臻美行动·关于虚假医美内容治理专项公告",如图8.1所示。

小红书通过AI技术手段,也就是通过机器和人工核查相结合的双重形式,在全网打击虚假医美内容。现在的任何一个平台,其机器核查手段都是非常先进的,可以主动识别不良的图片内容和一些违禁的关键词,并自动屏蔽,对于评判不了的,会由人工进行二次审核。小红书平台的

图 8.1 小红书打击虚假医美的"臻美行动"公告

机器审核机制可以做到0.1秒就识别出笔记的真假和是否存在刷数据的行为,所以千万不要试图去挑战平台核查的能力。

小红书官方平台发布的反作弊报告显示,现在小红书平台基本上每天可以清理5000篇以上的笔记。而且随着技术手段的迭代更新,清理量会更大。

所以,我们要做真实的分享、做优质的笔记内容和推广形式,而不是想着走一些歪门邪道去传播品牌和产品。

8.2 怎样的内容是小红书不倡导的

和其他平台一样,小红书也有自己的禁忌。毕竟互联网不是法外之地,有很多内容是不能在上面随便乱发的。

下面我们就来盘点一下,哪些内容是小红书不倡导或者明令禁止发布的。

8.2.1 虚假信息

任何一个平台发展到一定阶段都会充斥着虚假信息,毕竟只要平台有流量就会被很多人盯上。小红书也是一样,作为一个女性用户占比极高的平台,非常受骗子的青睐,很多不法之徒就利用这个平台的特点,在上面散布一些虚假的信息,比如兼职找工作,一天赚几百、几千块钱等。这种信息在早期的小红书平台上也出现过,其实就是一种诈骗手段,吸引大家来关注,待骗取流量之后,再把用户导入自己的私域流量进行二次诈骗。

还有一些人把一些真假信息相混淆,比如一些虚假的保健品,宣称自己具有延年益寿等功能,实际上没有任何功效,就是玉米淀粉做成的。

一些通过医疗保健、美容整形的字眼,散布一些虚假信息,宣传自己的产品具有各种比较牛的医疗保健功能、宣传自己的医美技术非常独特,从而让很多女性上当受骗。

另外,还有一些商家在平台上极度地夸大自己的商品功能,既没有科学验证,也没有任何证件证书,全靠一张嘴胡说八道。

8.2.2 违反国家法律的内容

有人曾经在小红书平台上发布了一些像电子烟以及槟榔等产品,都是国家不允许用广告的手段进行宣传的,但依然有一些人悄悄地去宣传,不惜违法。

8.2.3 带有人身攻击和贬低其他品牌的内容

小红书是一个倡导和谐正能量的平台,但平台上各种各样的人都有,如果发布一篇带有人身攻击的笔记,或者明显有贬低其他品牌的行为,那么这样的笔记是不受平台欢迎的。小红书平台希望大家能够传播正能量,遵循平台规则去传播品牌,而不是互相引战。

8.2.4 低俗炫富的内容

小红书平台本身的定位就比较高标准,一、二线城市的用户占比非常大,它不希望把自己的平台弄得乌烟瘴气,所以低俗炫富的内容是不受欢迎的。虽然炫富这种内容看似好像与小红书平台的定位比较符合,但因为受到下架门事件和电子烟事件的影响,小红书对过于炫富的笔记也进行了严厉打击,以免引来一些不必要的麻烦,从而带坏社会风气。

总之,小红书平台是一个提倡正能量的平台,任何封建迷信、色情低俗、歪门邪道、伪科学在上面都是没有市场的。如果为了投机取巧想要搏一把流量,在小红书上是行不通的,早晚会被平台禁言甚至封号。所以我们一定要提倡正能量,提倡有益于社会、有益于人们生活的行为。

8.3 哪些社区发文红线不能触碰

小红书的发文红线其实很简单,也非常容易理解,这里就给大家详细介绍一下。

首先,笔记一定要合法合规,不能违反《中华人民共和国广告法》。违反《中华人民共和国广告法》是很多小红书笔记经常遇到的问题,比如用了很多夸张词汇或者极限用语。像最好、中国第一、全球第一、全球最好等极限用语在小红书上是违规的,虽然有时候平台并不一定会对你的笔记做严重的处罚,但会因为你的违规而减少对该篇笔记的推荐。

其次，内容一定要是原创。

在任何一个平台上，原创都是备受鼓励的，因为原创对于平台而言意味着内容的丰富多样。而有些人为了偷懒省事，直接去抄袭别人的内容，这种行为在平台上是不受欢迎的。小红书平台会对这一类笔记进行一定的限制，或者不予展示。所以在这种情况下，大家一定要进行原创，当然原创并不是要求你必须写得惟妙惟肖，而是最好写得有真实感。而且在用图上，一定不要直接从网上下载别人的图片，因为现在任何平台都会用AI来识别文章和图片，很容易就能辨别出你的笔记是不是抄袭剽窃的，通过比对也可以识别这张图片是下载的还是截图。所以文字和图片一定要是原创的，而且图片上不要带有任何不良水印或者别的平台的水印，一旦被发现笔记就容易被隐藏。

再次，笔记要注意避免过度营销。

虽然很多品牌在小红书上种草，都是出于营销的目的，但有些东西只可意会不可言传，即不能明目张胆地在笔记上用营销方面的字眼，比如"买赠促销"，或者直指其他平台，比如在淘宝、天猫下单等，更不能用一些"速抢""秒杀""限时购"之类的明显带有促销字眼的内容，一旦被发现有营销倾向性，这篇笔记也会受到处罚。至于在上面说私聊加微信之类的也是明令禁止的，毕竟小红书不希望为其他平台做嫁衣，更不希望成为别的品牌私域流量引流的工具。这一点应该很容易理解。

最后，避免数据造假。

数据造假在小红书平台上也属于违规行为。从目前的技术手段来说，小红书平台可以很清楚地知道一篇笔记是否存在刷赞、刷评论的行为。过去有一些人做小红书，是通过机器去刷粉、刷赞、刷评论的，但是随着小红书反作弊机制的不断完善，通过机器人刷量的做法已经行不通了。后来有人发明了用真人去刷赞、刷评论以及刷收藏，但还是很快被平台发现了，因为一般通过真人去刷量的笔记，评论区会有一个很明显的特点,就是时间段比较集中。比如,有 20 个人帮忙刷评论,然后一发红包 20 个人就蜂拥而至,这个评论的时间段就很集中,平台就会有所警觉,从而发现这一行为,如果你对这些东西没有足够的敏感度,就很容易踩坑踩雷。

虽然数据维护在小红书平台上是很常见的行为,当然不只是小红书平台,抖音、快手也都存在这样的现象,只不过一旦没有把握好这个尺度,就很容易陷入雷区。

8.4 注意敏感词

在小红书平台上发布笔记一定要注意敏感词,有时候一篇很好的笔记,可能会因为一个关键词而得不到推荐,甚至被封禁。

如果你不是发布了营销内容非常强烈的笔记,一般情况下只要规避好敏感词,就没有太多的问题。

这里要和大家说一下小红书平台上的敏感词汇。

(1)《中华人民共和国广告法》中明令禁止使用的词汇,如国家级、最佳、最高级、顶级、第一品牌、极品、领导品牌等极限用语。

(2)绝对化词汇以及无法证明的词汇,如全球顶尖、万能产品、绝无仅有、销量冠军、全国首家、全球首家、绝对领先、世界唯一等。

(3)与"最"以及"一"相关的,都是明令禁止的。

比如最高、最大、最新发明、最先进、最高档、最便宜、最舒适、最科学、最后一波、最新技术、全网最低价。

中国第一、世界第一、全网第一、全球第一、销量第一、排名第一、第一品牌、仅此一次、中国十大品牌之一等。

当然如果你有资料,能够证明确实已达到这个标准,则是可以用的。

(4)与国家以及国家领导人相关的也都是明令禁止的。

比如国家级品牌、国家战略合作品牌、国家推荐、国宴专用、国家某某会议专供、国礼、某某领导人御用、某某领导人出访专用,以及国家领导人相关名字都是禁止使用的。

(5)大产品功能以及虚假宣传。

如百分百、纯天然、百分百无添加、一次见效、终身见效、祖传秘方、绝不复发、特效产品、史无前例、前所未有等词汇。

(6)引诱消费者下单的相关词汇。

全网最低价、秒杀、速度抢、万人疯抢、销量冠军、过时不候、绝对低价、跌穿底价、全民疯抢、错过一次再等一年等。

(7)违法、暴力、色情、恐怖、迷信、赌博,以及分裂国家和民族歧视等词汇。

(8)医疗药品、保健品以及医疗器械相关的医用术语也是禁用的。比如提升人体免疫力、增强人体机能、抗肿瘤、治疗高血压、调节心肌、预防心肌梗塞、治疗骨质疏松、增强细胞活力、缓解人体疲劳、改善记忆力、延年益寿、预防疾病等。因为这一类词汇很容易误导消费者,很多保健类产品都喜欢用这一类词语,但其产品并没有经过科学的验证,也没有经过临床的实验。所以在小红书平台上,这一类功效型的词汇和一些医疗术语是明令禁止的。

(9)带有联系方式或其他竞争平台的信息字眼。

如微信号、QQ号、私聊加好友、天猫、淘宝、京东、唯品会、拼多多、抖音等。

因为小红书平台本身除了是一个内容分享平台以外,也是一个电商平台,所以不希望自己的用户流失到别的平台,也不允许用户留任何微信号和QQ号。如果你是小红书的作者,可以在自己的简介上留QQ邮箱,但也仅限于此,而关于完整的留联系方式的方法,后面章节会详细介绍。

小红书平台对敏感词管理比较严格,但正常情况下大家一定要牢记:不要夸大宣传,不要有侥幸心理,不要有违法乱纪的词汇,更不要有联系方式。只要把控好这几点，笔记基本上就没有什么问题。另外，一定要按照普通人的视角去创作笔记。

如果实在不知如何判断自己的笔记会不会有违规现象，只要在网上搜索小红书敏感词查询，就会出现很多类似的 App 和在线网页，然后把内容复制粘贴在上面，就可以一键查询哪些词汇存在风险，如图 8.2 所示。

图 8.2 在网上搜索小红书敏感词查询，便会出现相关网页

8.5 小红书花式违规一览

前面我们讲解了很多小红书的敏感词和违规禁忌，这里就给大家展示一些违规案例。

1. 带有其他平台联系方式的会被限流。
2. 一个手机号上切换多个账号。有些人为了做笔记，会在一个手机上来回切换很多个账号，这和目前的抖音与快手都很类似，抖音、快手也都是支持一机一号或者一机两号，而并不支持太多的账号，一旦你进行超过三个以上账号的切换，就有可能会被系统识别为僵尸账号，或者问题账号。

3．人工干预数据，也就是人工刷赞、收藏、评论，导致笔记数据异常。

其实在小红书平台上，违规是五花八门的，这里给大家展示一下违规的笔记。以下图片均来自小红书官方平台账号——薯管家。

（1）利用诱导性图片进行营销行为，存在欺诈风险的刷单内容，如图8.3所示。

（2）打造虚假人设——佛媛，进行营销炒作，提供算命、算风水等封建迷信服务，如图8.4所示。

图8.3 小红书违规样例处罚之一

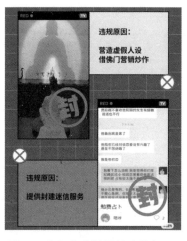
图8.4 小红书违规样例处罚之二

（3）盗用他人图片和复制抄袭他人笔记，以及拼凑型笔记，如图8.5、8.6所示。

（4）涉嫌导流到其他平台的违法胎儿鉴定服务，如图8.7所示。

（5）涉嫌暗示性色情服务，以及产品引流，如图8.8所示。

第 8 章 小红书的违规禁地

图 8.5 小红书违规样例处罚之三

图 8.6 小红书违规样例处罚之四

图 8.7 小红书违规样例处罚之五

图 8.8 小红书违规样例处罚之六

（6）涉嫌作弊及办理假证的相关内容，如图 8.9 所示。

（7）涉嫌赌博引流的相关内容，如图 8.10 所示。

147

图 8.9 小红书违规样例处罚之七

图 8.10 小红书违规样例处罚之八

（8）以免费送福利为诱饵进行欺诈活动，如图 8.11 所示。

（9）利用兼职进行诈骗的内容，如图 8.12 所示。

图 8.11 小红书违规样例处罚之九

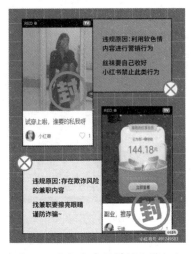

图 8.12 小红书违规样例处罚之十

（10）进行投资引流活动，如图 8.13 所示。

（11）涉嫌提供违规征信篡改服务，如图 8.14 所示。

第 8 章 小红书的违规禁地

图 8.13 小红书违规样例处罚之十一

图 8.14 小红书违规样例处罚之十二

（12）涉嫌发布贩卖假货笔记，如图 8.15 所示。

在小红书平台上，违法和违规行为不胜枚举，这也反映了小红书平台的高流量备受关注。除了日常的敏感词，以及上面所呈现的部分违规内容以外，像"医美""代孕"等也都是小红书平台打击的对象。所以，一篇好的笔记，一定是原创加健康积极以及正能量的。

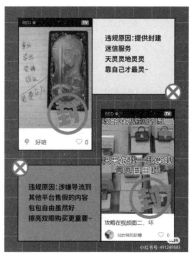

图 8.15 小红书违规样例处罚之十三

149

8.6 小红书审核逻辑科普

任何一个平台都有自己的审核逻辑,哪些能发,哪些不能发,哪些是值得提倡的,哪些是不受欢迎的,小红书也不例外,那么究竟怎样的内容是小红书所倡导的呢?

遵守国家的各项法律法规,与当下的主流价值观一致,弘扬爱国主义,倡导正能量,尊重公序良德,这些都是小红书平台所推崇的。

如果发布的内容违反法律法规,有违社会公德,小红书将严格管理。对于未成年人的保护,小红书也是非常严格,严禁任何不利于未成年人身心健康的内容出现。此外,还有以下几点要重点强调一下。

8.6.1 针对交易及引流行为的规范

除了在小红书的官方合作平台——蒲公英上合作的官方笔记或商品笔记之外,小红书禁止出现售卖的相关内容,不鼓励代购以及转让等内容。像在图片上夹带其他平台的水印或二维码等行为,小红书也是不欢迎的。有些人为了引流,在账号上留下手机号、微信号等联系方式,这种行为同样是不被允许的。

8.6.2 针对不当行为的相关规范

不当行为在任何平台上都有,小红书也不例外。小红书不欢迎引战的内容,比如骂人、侮辱、挑衅等行为,或用一些标题党来引诱用户的行为等。

另外,如果是宣传迷信或伪科学,胡编乱造其他公众人物的内容,也会受到处罚。

8.6.3 要避免侵权行为

侵权行为是小红书平台上比较常见的违规行为,很多人都犯过这样的错误。如果你看到一篇文章或一条视频比较不错，直接拿来用是不行的，因为未经他人允许将涉及侵权，这类行为也会受到小红书平台的严厉打击。

当然，假如你的原创笔记遭别人盗用，你可以发起举报，小红书平台也会对该账号进行相关处理。

第 9 章
小红书账号及笔记打造

前面主要是从品牌方运营的角度来剖析小红书的一些规则和玩法，那么作为一个小红书的玩家、创作者，我们应该怎样去玩小红书？怎样使自己的账号涨粉、引流、变现？怎样让更多的人看到我们的笔记？怎样让我们的笔记成为爆款？相信这些问题是很多人关心的，下面将为大家讲解。

9.1 如何注册账号和养号

对于小红书账号的注册，这一点没有什么难度，只要你有一部手机、一个手机号码就可以去注册，但这个手机号码在之前一定是没有人用过的，假如用过，并且因为严重违规而被封禁，可能就注册不了，这里就不做过多赘述。

那么接下来谈一谈养号。

相信玩过抖音、快手的朋友，一定听说过"养号"这个词，就是大家要去把号养一段时间，然后再去发表作品，大家都听过这样的言论，那么在小红书上面存不存在"养号"这种情况呢？

所谓的"养号"并不是什么高深莫测的东西，它其实是一种很简单的用户行为，就是让系统识别你这个账号是在正常使用而不是机器使用，或者软件使用。

对于小红书平台而言，每一个账号都最好对应一台手机和一个号码，因为只有这样系统才会认为这是一个真正的账号，一机一号其实只是一个基础，当然你的手机有两个号码也可以，这样就能在两个小红书账号上来回切换，但最好不要超过3个账号，因为账号切换得多了，会被平台发现，系统就会判定这是问题账号，那么当你发笔记的时候，就会减少对你的笔记的推荐。

如果我们注册了一个新的账号，也不要非常着急地去发作品，可以先去看一看别人的作品，浏览一下别人的账号，大概2天之后再去发布自己的作品，如果你非常急切地想发作品也没问题，但在发布之后，一定要经常使用这个账号，去看别人的笔记，去点赞收藏评论，因为这些都是一个正常用户的行为。如果你注册了一个账号，发了一篇笔记，然后退出来又用另外一个账号发笔记，而且很长时间才登录一次，登录也只是发笔记，那么平台就会认为这个账号有问题。

所以一定要让系统认为你是一个正常的用户，正常用户会经常性地看笔记，每个笔记的停留时间最起码在一分钟左右，有的时候会评论、点赞，如果这些行为你都没有，那么系统对你的账号就不会很友好。

而且最好使用真实的头像，个人介绍也尽量写得真实一些，而不是一上来就在个人简介里留联系方式或打广告。要尽可能地多发笔记，小红书会根据你发布的笔记数量来评判你的等级，笔记发得越多，你的级别和权重也就越高。

还有一种情况就是长时间没有使用的账号，需要复活，因为这个账号可能注册了有一年半载，但是没怎么用过，当我们再次用的时候就要注意，因为这个账号基本处于休眠期，用它发笔记得到的推荐可能会比较少，这时就需要重新把它激活，让整个账户处于复活状态，然后按照平台提示的步骤，多去浏览收藏点赞评论，几天之后再去发布笔记，笔记的阅读量就会更高。

虽然很多人对养号存在一些质疑，但这也是正常现象，因为对于平台而言，养号有时候确实是一种玄学，因为它并没有什么规律可言，如果你真的有一篇很好的笔记，可能根本就不需要养号，也能得到最好的曝光，但一般情况下，如果你没有这个能力，又想把自己的账号做好，那么一开始就要扎扎实实地把这些基础工作做完，几天之后再去发布你的优质笔记。

所以综合来看，如果你能持续性地输出高质量的内容，养号的必要性就不是很大；如果你不能持续性地输出高质量的内容，再怎么养号，也是徒劳无功的。

9.2 怎么选创作领域和题材

小红书是自媒体领域非常重要的平台，但凡想在小红书上做出一点成绩，吸引一定的粉丝，那么账号的定位及题材非常重要，毕竟小红书也讲究垂直，那么怎样才能打造属于自己的垂直内容，以及寻找到属于自己创作的领域，就是我们今天所要探讨的。

一般来说，不管做什么事情，一定要找到自己所擅长的，只有这样才能在创作中变得游刃有余。比如有些人擅长唱歌，那么他的账号中可能都是一些跟唱歌相关的视频或笔记；有些人擅长跳舞，就可能会做一些跳舞方面的内容；有些人擅长做美食，就可以做一个美食博主。这个类目其实是非常大的，每个人基本上都可以从中找到自己的兴趣爱好。

还有就是根据自己的专业所长进行选择，比如有些人是做文案策划的，他就可以在小红书上分享文案策划方面的知识；有些人擅长做培训，就可以讲一些培训的知识；有些人擅长做演讲，就可以做一些演讲方面的内容；有些人擅长给别人化妆或者从事化妆品行业，就可以分享美妆类的相关知识。

如果你没有自己擅长的领域，那么能够运用自己的资源也是可以的。比如有些人的家乡在深山里，就可以分享一些山里的事情；有些人的家乡在海边，就可以分享一些海边的相关内容；有些人在国外，就可以分享一些海外的见闻，这些都是可以运用的资源。总之，你擅长哪个领域，就选择哪个领域进行创作。图9.1所示为小红书后台细分的几大创作领域。

图9.1 小红书后台细分的几大创作领域

就小红书平台而言，有几大类非常受欢迎：一是美妆类，二是服装穿搭类，三是美食类。其他的领域，只要是跟女性有关的，比如旅行、心理、情感等类目也都比较受欢迎。你可以根据自己的情况，在相应的领域进行创作。

9.3 怎么写爆款笔记

每一个玩小红书的人都希望自己的笔记能够成为爆款。就目前而言，视频的权重比较高，能够得到推荐的机会也比较大，但因为视频笔记的制作较为复杂，所以并不是人人都适合做，而且有些人根本就没办法出镜，口才也没那么好。如果你没有好的口才，也没有好的专业知识储备，那么视频笔记就不是你最好的选择。

如果你有能力去做视频笔记,那么视频的内容一定要有吸引力,时长控制在 2 ~ 5 分钟,当然选题也要能够引起别人的共鸣。

如果是图文笔记,我们前面也已经提到过几次,首先文字的字数不要太多,正常情况下 300 字以上 600 字以下就足够,而且内容一定要有吸引力,能够抓住读者的眼球。

一般来说,测评类、知识教程类的干货分享最受欢迎,毕竟很多人都想了解产品或相关的知识。图 9.2 所示的无糖酸奶大盘点就属于测评类笔记。

同时图片也要有吸引力,图片的好坏在很大程度上决定了笔记的火爆与否。一个干净整洁、视觉上有吸引力的封面很容易吸引消费者点击,如图 9.3 所示。

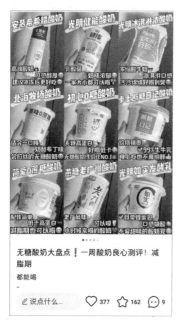

图 9.2 测评类笔记在小红书上很受欢迎

图 9.3 干净整洁的封面容易吸引消费者点击

标题也是一个关键因素,我们都听说过标题党,为什么会出现标题党？因为标题能够吸引大家点击，一个好的标题，可谓事半功倍。那么如何起标题就很关键，关于这方面的详细内容我们在后面会进行讲解。

此外，爆款笔记一定要有足够的诚意让大家看到你分享的东西或呈现的内容有意义、有价值，如果是一些注水的内容就很不受大家的喜欢，时间久了平台可能就会认为你做的都是一些低质的、劣质的笔记，就不会给你推荐，所以一定要让大家感受到你的真诚用心。

人人都想打造爆款笔记，那么爆款笔记一般有哪些特点呢？

9.3.1 选题精准

选题是一个非常关键的步骤，做不好就可能会导致笔记得不到推荐。目前小红书上最热门的几大领域分别是：美妆、美食、时尚、出行、知识、兴趣爱好。一定要选择自己擅长的领域进行发挥，而且要尽可能地以小见大，不要选择很空洞的标题，比如标题 A：怎么能化好妆？标题 B：化妆小白 7 步学会。后者更细分，更能聚焦消费者视线，也更容易打动人心，所以能吸引更多人的关注。

这就和我们平时写作文一样，标题太大不容易驾驭，很容易写得很空洞，反而是细小入微的标题写起来更有代入感，更容易打动人心。

如果你对美妆比较了解，想知道在这个领域如何选题、如何写大家喜欢看的内容，那么可以去小红书的后台，那里有一个板块叫"笔记灵感"，其中有很多小红书平台的热门内容可供选择，如图 9.4 所示。

在"笔记灵感"板块，我们可以找到当下平台力推的一些话题，这些都是本周的热点话题，也是最近用户最爱看、最爱搜的话题，官方平台都是给流量的，可以让你轻松把握热点趋势，如

图 9.4 小红书后台的
"笔记灵感"板块

图 9.5 所示。

图 9.5 小红书后台的热点话题

在后台我们可以看到本周的三十个热点话题,如果你不知道写哪些就可以点击进去,循着官方的热点方向展开。这些热点话题涵盖了从双十一促销到潮流生活指南,包括健身、脑洞、国考、美容、舞蹈、萌宠等。相信你一定能够从中找到适合自己的创作选题。

我们以"秋冬美甲配色"为例,当我们点击进去之后,就可以看到大家发布的优质笔记内容,可以看到很多爆款笔记,从中可以借鉴参考,打造属于自己的个性笔记,如图 9.6 所示。

图 9.6 小红书相关话题下的爆款笔记

9.3.2 首图制作

首图画面的美观与否,直接决定了点击率的高与低,我们再挑一些爆款笔记的首图,来进行分析。像下面这篇美甲类笔记,我们可以看到她是把与秋冬季节贴合的指甲颜色全都进行了配对,首图做成了一个合集形式,让读者一眼就可以看到这么多绝美的指甲颜色,很吸引人点击进去,而且配文"秋冬焦糖色美甲"点明了内容,很直接,如图9.7所示。

所以首图制作非常关键,首图画面要想吸引人,主要靠的是图片的排版布局,比如一些合集类产品,把不同的产品结合到一起,然后做成首图,这种就是带有测评性质的,会让消费者更容易点击。

如图9.8所示主要是讲秋冬水乳哪款好用,作者在首图上把九种产品分成三组,分别是贫民、小康和贵妇,而且标题是秋冬水乳哪款好用,这种标题一方面带有测评的性质,另一方面分组也很有意思,贫民用哪些东西、小康用哪些东西、贵妇用哪些东西,一目了然,也很吸引消费者的眼球。

如果不是合集性质,那么首图上的关键词非常重要,一定要加入消费者爱看的字眼,比如"小白100元横扫""0基础学设计""免费""省钱""探秘神仙吃法""网络热门"等,因为一旦与这些关键词有关,就很容易吊起大家的胃口,如图9.9所示。

图9.7 精美的首图画面是爆款笔记的决定性因素

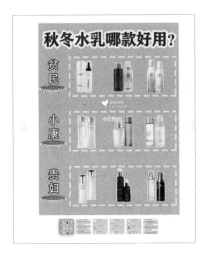

图9.8 极具设计排版的首图很吸引人

图 9.9 所示为一个女生的日常消费分享,图片上其实并没有很复杂的东西,就是把两张图拼在一起,但是采用的文字非常吸睛:"泡面隐藏吃法""便利店必买单品"。这样就会吸引很多经常在便利店买东西、爱吃泡面的人群关注。这种就是典型的虽然图片不够精致,但是文字却很吸引人。

还有一种封面运用了一些软件,比如抠图软件,或者 PS 软件。一般情况下,如果你处理图片的水平还可以的话,这一类图片也非常吸引人,可以做得非常精美。像下面这个介绍穿搭的,其实就是把所有产品用抠图软件抠出来,然后调了光和色,重新做了布局排版,这样让人看起来非常清新、非常的美观,如图 9.10 所示。

图 9.9 首图上的文字也是吸引点击的重要因素

毕竟现在是颜值即正义的时代,如果你的首图做得很精美,那么这个笔记离成功也就不远了。除了首图很重要外,内图也很重要,毕竟小红书不可能只上传一张图片,否则会显得说服力不够,一般情况下 3~7 张图片比较合适。当然内文的图片也是比较讲究的,主要有以下方法。

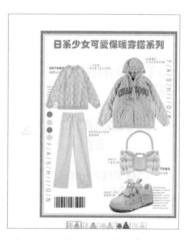

图 9.10 通过软件制作的精美首图

1. 细节展示法

比如你在首图介绍某一款产品,那么在内图就可以好好展示它的一些细节，这样别人看到细节时会更好地理解产品。如图 9.11 所示，这是一款做面包的厨师机，它就是通过一些细节，包括厨师机上面的可视灯，来展示产品的制作精良。

2. 对比展示法

对比展示法也是小红书经常用到的内图方式之一，有一些人喜欢把它用在首图上进行对比展示，其实就是把两种以上的产品放在一起对比，指出它们的优点或者缺点，这是测评类笔记中经常使用的方式。对比展示法最大的优点是让人一眼就可以看到几种产品放在一起对比的好与坏，帮助消费者加强判断。图 9.12 所示就是对比展示法运用的形式之一，它是把 6 款纸尿裤放在一起，只不过并没有直接说出这 6 款产品的好与坏，但我们在创作的时候可以把不同产品的优缺点说出来。

3. 强调展示法

强调展示法其实和细节展示法有

图 9.11 以细节展示法呈现产品的特色

图 9.12 以对比展示法突出产品的优点

些类似，但又不太一样，强调展示法会特别突出某一个产品的细节，或者放大它的优缺点。如图 9.13 所示，这是一个妈妈吐槽婴儿奶瓶刷的笔记，她通过不同的细节去展示这个产品，然后又对这个刷头进行吐槽，并配上文字，其实就是在强调这个产品的缺点。当我们分享笔记时，可以分享产品的优点或缺点，并对优点或缺点进行突出，这就是大家经常用的内图的强调展示法。

9.3.3 取好标题

很多用户在玩小红书时，最先看到的就是首图和标题，如果这两个方面有吸引力就可以极大地提高笔记的点击率，所以标题非常重要，这也是为什么互联网兴起后出现了很多标题党。

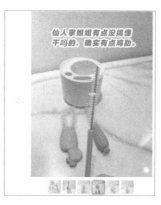

图 9.13 强调展示法可以加深用户对产品的特定印象

那么小红书的标题应该怎么写呢？怎么样才会吸引人呢？

小红书的标题一定要敢于写，不能太过于传统，不能中规中矩，而且最好不要写一些太大、太空洞的话题，而是要写一些比较接地气、比较小范围的能够吸睛的题目。

那我们就来介绍一下小红书爆款标题的几种写作方式。

1. 可以多用吸引眼球的惊叹式语句

李佳琦之所以能火，除了平台给予的机遇以及时代的大势所趋外，跟他个人也有很大的关系，他的两个经典语句，一个是"oh my god"，另一个是"买它买它买它"，都带有很夸张、惊叹式的字眼。其实标题里只要出现这些惊叹式的字眼，就很容易吸引大家关注。那么惊叹式的字眼都有哪些呢？比如不可思议、难以置信、飞起、怎么会、超赞等。一旦有了这样的句式，就会引起大家的好奇心，让大家都想看一看这个东西到底有多好、这个地方到底有多美，如图 9.14 所示。

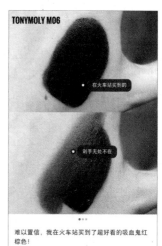

图 9.14 惊叹式语句可引发读者好奇心

2. 数字法

数字法是非常常见的取标题的一种方法，因为它可以很直观地呈现一种产品，或者一种效果，会让人形成很直观的理解，这种标题在小红书上也是非常受欢迎的，比如：

不可想象，15天瘦4斤！6个超赞网站推荐不得不看；

只需3瓶，搞定整个冬季护肤！2周，视频剪辑小白变大神；

38岁冻龄保养小妙招。4招，化出你的小V脸；

如图9.15所示。

图9.15 数字法是常用的取标题方法

3. 价格锚定法

很多人玩小红书就是为了看笔记看产品，最终帮助自己做出购买决策，这里价格就是一个很关键的因素。很多小红书的爆款不管是美食类、探店类，还是医美类，都把价格玩得炉火纯青。很多笔记都直接把价格展示在标题上，从而让大家觉得这个产品真的很优惠，也就愿意去点击。比如：

超值显瘦服装99元三套；

100元两套，超平价护肤就在这里；

不到100元，上海精致美食吃到你撑；

要命，60元的T恤，太香；

潮牌探店78元，立即带走；

如图9.16所示。

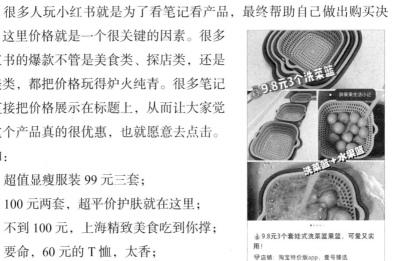

图9.16 价格锚定法极易吸引人关注

4. 悬念制造法

悬念制造法就是在标题中设置悬念，引起大家好奇，从而吸引大家的注意力但有时候也会引发一些争议，而悬念制造法是一个不错的取标题方法。比如：

99%的设计师都不知道的网站资源；

揭秘苹果手机你不知道的5个功能；

学会这两招，化妆分分钟搞定；

小个子的女生这样穿秒变女神；

普通人变穿搭博主的秘密；

图9.17所示为采用悬念制造法的标题模板。

图9.17 采用悬念制造法的标题模板

5. 时节场景标题法

时节场景标题法主要是紧扣时节或者节假日，比如秋冬季的饮食、秋冬季的服装搭配、双11必买清单、618必买好物等，或与三八节、父亲节等相关的主题标题。

比如时节类：

早秋穿搭，秒变韩剧女主；

春季少女甜美穿搭，两步搞定；

双11便宜扫货想象不到；

再比如场景类：

新生开学妆，女神就是你；

女生约会小清新发型推荐；

旅行必备护肤清单；

火锅宴隔离霜必备测评；

婚礼日美瞳推荐；

如图9.18所示。

图9.18 紧扣时节的标题取法

9.3.4 内文要处理好

不管是视频笔记还是图文笔记,内容其实才是真正承载用户的核心,当我们通过图片和标题吸引用户点开这篇笔记的时候,是否能够留住用户,内文就显得非常重要,如果你的内文写得不好,别人看了一眼可能就会离开,也不会给你点赞和评论,有一些极端的人甚至会投诉你这篇笔记,所以内文写得好会增强用户的黏性,会让用户觉得你的东西有价值从而进行收藏,甚至成为你的粉丝。

如果一开始不知道怎么写内文,那么就要多参考,找排名比较靠前的爆款笔记,直接模仿他们的行文格式和写作风格,这是最简单的方式,如果你想展示自己的个性,可以融入自己的特色。

在内文方面,段落一定要清晰,每一段的间距不要太过密集,最好是能够空一行,甚至每一句话也可以作为一段,如果能在每一段前面或者文章中间插入一点表情则更好,这样会给消费者带来良好的阅读体验,而不会让他们有很强的压抑感,如图9.19所示。

总之,一定要展示出产品的特点,给人留下有内涵、有价值的印象。

图 9.19 将内文分段并带上表情更有利于阅读

9.3.5 话题的选择

我们在写完一篇笔记,即将发布的时候,会有一个话题的提示,如果我们带了话题,就容易得到平台流量的推荐,因为话题也就意味着是你的文章标签,系统会识别话题,然后判定你的文章属于哪一种类型,推荐给相关的人群，比如你的这篇笔记是美妆类的，你在底部带一个标签"口红测评"，那这篇笔记就会被系统推荐给喜欢阅读口红笔记的人群。

我们尽量带一些相对热门的话题，其实话题也很好选择，当我们在底部点击话题、输入相关关键词时，就会弹出一系列与这个关键词相关的话题。这里以口红为例，当我们输入口红时，除了会出现口红话题以外，还会出现我的口红日记、口红试色、口红分享、平价口红、显白口红、日常口红等相关的关键词，且后面都有阅读量的提示，你可以根据阅读量来选择对应的话题，以前小红书只能带一个话题，现在经过升级改版，已经能够带很多个话题了，如图 9.20 所示。

# 口红	1.8亿次浏览
# 口红	87万次浏览
# 我的口红日记	11.1亿次浏览
# 口红试色	6883万次浏览
# 口红分享	2.8亿次浏览
# 平价口红	3.8亿次浏览
# 显白口红	3亿次浏览
# 日常口红	3.9亿次浏览
# 我被口红控制了	2.3亿次浏览

图 9.20 小红书文末现在已经可以带多个话题

如果你的笔记在发布之前能够带上定位，最好把定位的地址也带上，因为这样可以获得同城的流量，平台会把你的笔记推荐给同城的人，如果你是做探店类的创作，那么这个定位就非常的重要。

9.3.6 互动非常重要

当笔记发布后，可能会有人在评论区咨询或者留言，我们看到之后要及时地跟他们互动，因为小红书的评论是非常有价值的，当你的评论越多，系统就会判定你的笔记越优质，在点赞、收藏、评论这三者之间，评论的权重是最高的，所以当我们积极地与用户互动的时候，可以提升整个笔记的权重，也就能够获得平台更多的流量推荐。

当我们把一篇笔记从图到文或者从视频到配文都完成时，就可以尝试用薯条给笔记加热，这样不仅能增加笔记的曝光度，还能最大化地让笔记成为爆款。

除此之外，还有一些小技巧，比如在标题或文末处加入"干货""建议收藏"这样的字眼，可以促进用户收藏该笔记。因为收藏也是提升笔记权重的一个要素，如果你的笔记有很多人收藏，平台会觉得它很优质。

有些博主会故意在笔记的末尾增加一些悬念，引发大家评论，比如他会这样写：

你觉得这个口红99元值不值？欢迎评论；

你们还想看哪些产品？欢迎留言。

总之，积极地引导用户点赞、收藏、评论，是笔记成为爆款的有效手段。当你把这些工作做好的时候，笔记有了流量，粉丝自然也就来了。只要你持续输出专业的东西，就会有更多人关注你。涨粉其实没有什么特殊的秘籍，一切都建立在创作优质笔记的基础之上。

9.4 为什么你的笔记没流量

很多人玩小红书都是想让自己的笔记被更多的人看到，能够得到更多的点赞、收藏和评论，最终得到大家的认可。但在实际操作中，有些人会发现自己发布的笔记都没有多少人看，更别提什么点赞、收藏了，这可能是因为存在以下几个问题。

第一就是发布时间。一般来说，小红书笔记发布的高峰期是晚上，这就意味着晚上竞争更加激烈，如果可以的话，尽量错开高峰期去发布笔记，这样可能会得到更多的流量，比如早上7点左右，大家在上班途中，中午 11 点左右，大家即将吃午饭的时间。

  第二就是笔记质量。如果你的笔记中存在违规的字眼或者敏感词，就不可能获得太多的流量，所以在发布笔记的时候就要检查关键词，如果是在发布之后发现有敏感词，则一定要注意及时修改。

  如果你的笔记中使用了一些虚假的效果图片，过于夸大产品的效果，比如 P 图 P 得太过严重，还带有低劣性质的营销，或者一些虚假伪劣产品，抑或一些很低俗的摆拍图片和拼凑文字，就不可能得到官方平台的流量。

  如果想要得到官方平台更多的流量，发布的笔记一定要能够给用户带来价值感，让他们看到这篇笔记，并能从中有所收获，或者能够学习到一些知识和有价值的内容，这才是平台所喜欢的，也是用户所喜欢的。

  同时也要经常关注创作者服务中心的后台，看官方在主推哪些活动，并积极地参与官方的活动或者话题，这样就可以帮你获得更多的流量。

  当然如果你的笔记质量不错，发布的时候可以在文末 @ 薯条小助手，这样也将有机会获得官方的流量推荐。

第 10 章
实战之——图片制作篇

在小红书上,图文相当关键。一篇笔记除了标题和内容外,图片是最先被用户视觉所接触到的。这一章主要介绍小红书图文制作的相关软件以及构图方法,帮助大家创作出更优质的笔记图片。

10.1 颜值即流量——小红书图片拍摄技法

众所周知,图片对于小红书笔记十分重要,很多人都是冲着图片的精美以及图片上卖点的吸引力才打开一篇笔记的。

10.1.1 关于小红书拍照及图片处理软件

我们在小红书上会看到很多好看的图片,而一般用单反或者原相机是拍不出那种质感的,还需要后期添加一些表情或者花字,这时一款好用的软件就显得非常重要。接下来就为大家介绍一些小红书常用的拍图和处理图片的软件,如图 10.1 所示。

一般来说,小红书博主用得最多的几款软件分别是:美图秀秀、轻颜、天天 P 图、黄油相机等。我们只需下载一两款,基本上就可以满足 P 图、加字、拼图以及抠图的需要。对于很多创作者来说,用这些软件来做小红书笔记绰绰有余,而且这些软件基本上都是傻瓜式软件,非常容易操作。

具体来说,如果我们想 P 图或者加字,美图秀秀可以满足我们的需求。美图秀秀中有很多模板,也有很多风格滤镜,可供我们一键生成想要的图片。

黄油相机也很好用,我们在做滤镜、添加花字以及表情贴纸的时候,一些官方的模板都可以运用。

轻颜也是大家最喜欢用的一款软件,它在拍人像方面效果比较好,它的美颜滤镜受到很多博主的青睐。

图 10.1 小红书常用的拍图和处理图片的软件

至于小红书图片的数量,一般来说最好是在 5 张以上,5～10 张都是可以的。

如果图片太少,能够呈现的细节就比较少,而图片多一些就能完整地呈现产品的特点,帮助消费者通过图文更好地理解产品。

在图片拍摄中,构图非常重要。我们在小红书上看到很多很美很仙的照片,除了后期使用 P 图、滤镜、调光、调色等手段,构图以及一些拍照技巧也非常重要。小红书上的图片标准一般是正方形,也就是 1:1 的比例,还有一种是我们最常见的即竖版的 3:4 的比例,这是很多博主最喜欢用的。所以我们在上传图片的时候,要尽量选择 3:4 的比例,而避免用横版和正方形的。

10.1.2 关于图片拍摄

1. 斜拍比正拍更好看

很多人不懂得静物产品的拍摄技巧,总是喜欢把产品摆得很端正,其实如果斜着拍,会比正着拍更好看、更有吸引力、更有艺术气息,如

图 10.2 所示。

因为斜拍的产品不管从哪个角度看,都显得活泼时尚,而不像正拍的产品显得中规中矩。

2. 细节展示更为重要

每一款产品都有自己的特点,有一些是包装工艺,有一些是 logo,有一些本身比较权威。我们可以通过拍摄图片将这些细节展示出来,包括产品的质地、性状,以及开盖后的视觉感受等,如图 10.3 所示。

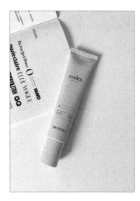

图 10.2 斜拍的产品更有艺术气息

10.1.3 产品体验也是重要的一环

产品体验非常重要,不管是服装类还是美妆护肤类的产品,体验都十分重要。比如服装,穿上身之后,它的质感、版型以及修身程度都是很直观的。再比如美妆,一款粉底液挤在手上,它涂抹之后的质感和上妆后的效果都是可以展示的细节,如图 10.4 所示。

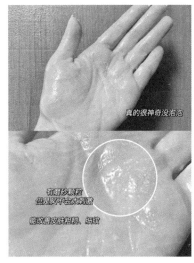

图 10.3 产品特点的细节展示

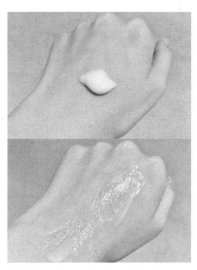

图 10.4 产品体验的细节展示

10.1.4 留白很重要

小红书产品在构图时可以适当地留白,这样会让整个页面更加干净简洁,后期处理起来也非常方便,不管是加花字还是加表情贴纸都非常容易,而且很容易形成统一风格,所以很多博主都喜欢用白色或纯色的底拍产品。

在拍摄时,要最大化地避开杂物,尽量让背景图更加干净整洁,这样会给别人带来很舒服的体验,如图 10.5 所示。

10.1.5 适当使用道具

如果你觉得单个产品在构图上会显得单调,就可以适当买一些装饰道具,像小卡片、小木头以及仿真水晶石块等,这些拍摄道具都非常便宜,购买回来可以用于产品的拍摄,帮助提升产品的高级感,如图 10.6 所示。

图 10.5 产品构图留白方便后期处理

图 10.6 搭配道具提升产品高级感

10.1.6 撞色也很有趣

在拍摄产品时，比如一款黑色的产品，我们在底图上有很多种选择，可以选择纯蓝色、橙红色或绿色，撞色可以让产品更加突出、更加明显，从而给人带来很强的视觉冲击力，如图 10.7 所示。

10.1.7 混搭颜色也很出彩

混搭一般是指背景图的构图，比如我们拍一款白色的产品，背景图就可以用黄色和粉色去构图，这样拍出来的产品会有很强的视觉冲击力，如图 10.8 所示。

图 10.7 撞色更容易突出产品

图 10.8 混搭颜色也很出彩

10.1.8 关于人物拍摄的小技巧

1. 仰拍突出大长腿

相信这个很多人都知道，因为仰拍可以把人的腿部拉长，而且人的上方因为空间比较开阔，这样整个画面很容易呈现出辽阔的感觉，一般对于身高不是特别高的模特来说，效果非常好。如果是一些俯拍的镜头，能把 1.9 米拍出 1.3 米的效果。

2. 平视拍摄

平视拍摄主要是指摄像机的镜头与人物齐平，既不要太高也不要拉低，而且平视拍摄可以让模特对着相机镜头去看，这样拍出来的感觉会显得非常真实自然，也非常有亲和力。

3. 俯视拍摄

俯视拍摄在日常也会用到，但是一般很少用于模特站姿下，因为那样会让模特显得很矮，而是用于模特躺姿或者侧身的坐姿下，这种拍摄手法可以让画面更加有趣。

4. 特写拍摄

特写拍摄一般用于拍模特的一些细节，比如手部、面部特写，或者比较陶醉的细节，而且在特写的时候可以借助一些物体，比如树干或墙壁作为前景道具，这样能够让整个画面更加细腻生动。

5. 侧面拍摄

侧面拍摄一般不让模特去看镜头，而是让模特的视线垂直于镜头，这样拍出来的感觉会更加有意境，会让整个人显得更加修长纤细，毕竟有很多人的正面并不是很完美，如果用侧面拍摄的方法，可以避开很多缺陷。

6. 全景拍摄

全景拍摄一般是将模特置于整个自然环境中，把人的整个躯体全部收入镜头，这种拍摄对环境的要求比较高，比如海边、森林、草地等。这种画面中一般没有很多杂乱的东西，比如没有其他人，这样就会把整个人拍得非常自然，加上后期的处理，整个画面会更加唯美。

7. 道具必不可少

前面提到，拍摄静物时经常会借助一些道具来装饰产品，拍人时也是如此，道具可以是一杯饮料、一朵花、一片树叶、一堵墙、一棵树，不管是买的还是自然中存在的都可以借助，这样才能拍出非常自然的感觉。

对于很多小红书博主来说，拍摄其实并不是一件难事，因为现在的拍照软件都非常好用，而且道具基本上都可以买到，如果实在不懂怎么拍，不懂怎么构图，还有一种非常简单的方式，就是在小红书上找与自己风格类似的博主，看看他们是怎么拍摄、怎么构图的，直接参考模仿就可以。

模仿图片在小红书上是不违规的，但如果是抄袭他们的笔记就会违规。很多博主刚开始也不知道怎么拍，基本上都是模仿别人，比如看到别人的某些图片比较好，就会保存下来直接模仿，同样的姿势、同样的角度、同样的道具，一般模仿三五次就可以拍出一些不错的效果图，毕竟构图原理是相通的。

总之，模仿是最稳妥的创新。

10.2 图片为什么要加花字

相信大家在看小红书的时候都会发现，有不少笔记的封面做得非常好看，不仅做了一些滤镜的处理，而且还加了一些花字和表情，其实很多博主这样做，就是为了让封面更有吸引力，让别人看了觉得更有趣。

加花字有很多种选择，有一些人喜欢用黄油相机，但现在随着小红书的不断升级迭代，当你在上传照片的时候，小红书 App 后台就可以自定义添加花字及贴纸，还有很多模板供选择，基本上可以满足日常需要。此外，还有很多字体供选择，而且标签及边框也都有丰富的选择，喜欢的朋友可以尝试一下，如图 10.9 所示。

加花字或表情其实有几个优点。

第一个就是美观，一旦加了花字，上面的图片看起来就会非常和谐、非常精致，也有利于整体性的统一。

　　第二个就是可以清晰地表达卖点。因为有一些产品的优点是没办法通过图片直观看到的，这时就必须用文字描述出来，但如果我们只是用普通黑白字体，就会破坏图片的美感，而用花字就可以完美地解决这个问题。比如一款洗发水，对防脱发效果很好，或者对修护染烫效果很好，那我们就可以把"拯救烫染脱发"这6个字用花字的形式在图片上表现出来，让用户一看就知道这款产品的优点，如图10.10所示。

图 10.9　小红书 App 后台可供选择的花字

图 10.10　小红书花字可以清晰地表达卖点

　　大家在做笔记的时候，可以充分利用小红书自带的滤镜及花字、贴纸功能，这样能更好地优化图片，帮助大家创作出更优质的笔记。

第 11 章
实战之——视频制作攻略

现在视频笔记在小红书平台得到了大力推荐,权重也比较高,因此选择合适的视频制作软件,运用合适的剪辑技巧,创作出精良的短视频,是小红书创作者的必修课之一。

11.1 视频制作工具

当下视频笔记已经得到小红书平台的大力推荐及流量支持,所以很多博主都愿意通过视频的方式来展现自己的美好生活,或者发布自己喜欢的产品。

小红书 App 本身也带有视频拍摄的功能,如果你对想要表达的东西没有特别高的要求,则可以直接用小红书自带的视频拍摄功能,里面也有剪辑功能,包括字幕、画布、滤镜、章节主题、文字以及音乐,完全可以满足日常的一些需求。

这一操作方式非常简单,只要拍摄视频,就可以看到相关的操作工具。

现在比较通用的剪辑软件,大型的就是 Premiere,但是 Premiere 太过专业,以致很多人并不能很快上手,而且 Premiere 还需要把拍摄的素材导入电脑中,相对来说比较麻烦。

所以很多人做小红书都是直接用手机剪辑，我个人强烈推荐剪映，如图11.1所示。

剪映是一款非常好用的软件，不仅在手机上可以使用，在电脑以及iPad上也可以使用，而且带有很强大的美颜滤镜以及特效和转场功能，非常容易上手。即使没有做过剪辑的人，使用起来也会得心应手。

剪映除了做各种各样的剪辑之外，还可以录制视频，它新加入了一个提词器的功能，把视频脚本提前复制粘贴在里面，在录制视频的时候就可以看到屏幕上的文字。

如果你只有文字脚本，也不知道怎样去找素材，或者找不到适合的素材，那么剪映有一个一键图文成片，会根据你的文字自动匹配视频素材，这样就可以省去很多找素材的时间。

图11.1 剪映剪辑视频非常好用

剪映真的是一款非常好用的手机软件，我曾经就用这款软件剪辑了很多视频，在这里强烈推荐！

11.2 怎样构思视频内容

剪辑软件只是一种工具，要想拍摄一个好的视频，内容是关键，所以我们输出怎样的内容、给用户带来怎样的价值及体验，这一点非常重要。

构思视频内容一般和账号定位是相关的，比如你的账号是美妆类的，可能就会发和美妆类相关的内容，如果你的账号是美食类的，则跟美食有关，而且也跟个人的兴趣爱好息息相关，因为只有当你真正对这些东西感兴趣，愿意分享，能够表达出你独特的观点以及说出你的专业度，这些都是我们构思视频内容的基础。

所以不管是你的个人兴趣爱好，还是你的专业知识储备，都是你构思视频笔记最基础的内容。具体包括以下5点。

1. 科普性知识

如果你是某一领域的爱好者或者有一些专业的知识储备，那么就可以发布这一领域的专业知识，虽然有些人觉得自己在某个领域并不是顶尖人士，但如果有一定的积累和基础，那么对于外行人来说都是比较优秀的存在。比如有一个人，在汽车领域可能算不上大咖，但是他可以制造跟汽车相关的一些话题。

比如：

20岁应该怎么选车；

选车要避开的10个坑；

开车有哪些不为人知的知识。

这些都是属于科普性的话题内容，完全可以输出。但一定要记住，并不是只有大咖才能输出，愿意放下身段、愿意出镜、张得了口、拉得下面子，才是最重要的。至于那些知识，网上都有，整理输出并不难。

2. 遵循热点

每一个时间段都有一些热门的话题，比如新浪微博上的热门话题、抖音上的热门话题，基本每天都有。

我们以服装为例，每隔一段时间就会有一些跟明星穿衣相关的新闻，或者当下很火的某一部电视剧中的演员的服装搭配，这些都是我们可以构思的视频话题。

比如电视剧《欢乐颂》中樊胜美的穿搭、某某电影节的明星穿搭解析等。

如果我们的账号是服装穿搭类,除了可以发布日常穿搭外,还可以发布跟明星相关的或者一些上了热搜的服装内容,因为热点最容易受到大家关注。网上曾经有一个人很火,叫犀利哥,当时他是一个流浪汉,虽然穿得非常破旧,但是因为搭配得很"和谐",就有人在网上说他衣品非常好,也有人借此发挥,抓住这个热点去解析他的穿着,不过那个时候采用的是图文形式,视频还不是很流行,如果是今天,被一些穿搭类的博主进行解析,一定会获得不错的流量。

3. 结合节假日

节假日是小红书平台经常力推的节点,不管是传统的情人节、妇女节、女生节、端午节、中秋节、元旦等,只要有一点影响力的节假日都是我们可以紧扣的选题。

比如你是一个做美妆类的博主,那么就可以发布跟这些节日相关的内容,比如:

情人节仿妆;

女神节节日妆;

中秋节妆容的正确打开方式。

包括一些商业化的节日,比如618、双11等都是可以选择的内容话题。比如:

618,剁手必买清单;

双11购物车彩妆清空排行榜。

此外像开学季、放假季,重要的体育赛事,如奥运会、世界杯、欧洲杯等重大活动都是我们可以抓住并展开的话题与内容。

4. 模仿优秀者

每个领域都有一些大神级的人物存在,当我们不知如何构思内容时,可以翻看一些优秀创作者或同行的视频,从中寻找灵感。

在短视频领域,即使是同样的脚本和文案,拍摄的人不同,所呈现出来的效果也不一样,有时候同样的内容在A身上没有火起来,在B身上有可能火得一塌糊涂，而且即使是一些不是特别优秀的人，也可以看一看他们的账号，看看他们在输出什么内容，是否可以为我所用，为我所借鉴，如果觉得他的内容不够优秀、不够好，可以进行二次加工与改进，再融入自己的一些个性和特点。

所以，素材其实非常多，不一定非要找出非常差异化、非常独特性的内容，有时候即使是相似的观点，也可以输出。就比如我们经常会看到有近千个博主在教你如何画眼影，也有近千个博主在教你如何锻炼腹肌。

5. 抓住图文时代的内容

短视频真正兴起也就是这两三年，在过去的互联网时代，很多内容都是靠图文输出的，比如我们在网上搜索化妆，可能会出现很多篇跟化妆相关的文章，那么这些文章其实就是我们的素材，我们可以把它们转化成视频脚本的形式，这样既节约时间，又可以获得大量的素材，虽然这是一种比较取巧的方式，但确实也有它的可取之处。其实我们在网上看到的很多视频，就是博主从网上搜索，然后加工转化而来的。

比如：

高颜值雪花金丝煎饺，8分钟搞定；

家居美学那些事儿；

秋冬如何抵抗喉咙干燥？

……

11.3 脚本前的准备

当我们确定了视频的创作方向和内容之后，接下来的一步就是撰写视频脚本。

很多人没有撰写过视频脚本，就会觉得太过专业，认为自己又不是编剧，怎么可能会写好视频脚本。其实这并不复杂，就如电视剧脚本，分为文学脚本、故事脚本和专业的分镜头脚本，但很多时候我们做短视频创作的时候，基本上只是一个文字脚本，相当于把我们想要表达的内容用一段文字写出来，有些类似于作文，然后对着镜头读，再加一些转场特效以及肢体语言。所以我们在视频平台上会看到很多文化水平并不是很高的人，也可以写出各种各样的段子和脚本。当然与其说这些是脚本，还不如说是台词。

11.3.1 搭建框架

这个视频你想表达什么？想传递什么信息？我们可以从以下几点入手，把整体框架构建出来。

1. 开场

相信大家看过很多博主的视频开场白，其实各有不同，有一些博主的开场白就是"Hello，大家好，我是×××，今天我给大家带来一个×××产品"。这种就属于直奔主题式的开场白，直截了当。

2. 故事式开场

故事式开场白，其实是大家比较爱看的一种形式，因为比较有趣，也容易吸引大家继续看。比如"昨天晚上妈妈给我打电话，说买了一款韩国某品牌的芦荟胶，让我来看一看到底怎么样，我看了之后当时就让她扔掉，因为那根本就不是真正的芦荟胶。接下来我根据自己的认知，给大家介绍一款我认为非常 nice 的芦荟胶……"

像这一类开场白都是带有一定的故事，让大家觉得不枯燥，其实她老妈可能根本就没有给她打电话，也没有任何人给她打电话咨询芦荟胶产品，她只是想用这样的形式吸引用户继续观看，让用户产生代入感。

这种故事式开场大家也可以使用，比如你可以说"昨天我和我的小姐妹一起去逛街……""前天我男朋友和我一起吃饭……"实际上这些事情可能根本就没有发生，但确实是比较好的开场，会显得很自然，到后面也可以很自然地引出你想要介绍的产品或观点。

3. 质问式开场

质问式开场，其实也是很多视频博主喜欢用的开场方式。因为质问式开场可以直接表达出自己的观点，或者把大家平时有疑问的一些内容抛出来，引起大家的好奇，从而吸引他们观看视频。

比如，某博主一开头就说："上千元的贵妇级护肤品都是智商税吗？我不这么认为……"再或者说："孕期到底能不能用护肤品？孕期使用护肤品真的会对宝宝造成伤害吗？相信这绝对是很多准妈妈都想知道的问题。"

11.3.2 构建场景

场景其实是我们拍摄视频的环境。通常情况下，很多小红书博主拍摄的视频都是在一个固定的环境中，比如在家里，或者宿舍，或者办公场所，抑或车里，而且基本上都是面对镜头直接解说。比如像李佳琦等大咖在做直播的时候，其实就是在一个固定的空间中进行的。

通常情况下，录制场景可分为以下两种。

1. 固定空间

固定空间也就是上文提到的李佳琦等大咖的那种直播间的形式。在这种情况下，就需要好好布置背景，背景应尽量是纯色，因为纯色非常有利于制作一些字幕，不会显得很花，同时灯光的布置也可以做到很好。还可以做成专业的场景，比如你是一个医生，就做成与医生相关的；如果你是一个配方师，就做成一个实验室，诸如此类。

2. 边走边拍的形式

这也是比较常见的一种视频录制的方式，可以是走在路上、湖边、商场内，但是必须有一个人来帮你拍摄，否则这种形式可能就不太适用。有些博主是用自拍杆边走边拍，也可以解决问题。

此外，我们在做视频笔记时，一定要把机位调好。很多人用的是前置摄像头,前置摄像头虽然可以美颜,但它录制出来的视频是反的。所以我们在录制这类视频的时候就要注意,下一个镜头最好交代一下正面角度的产品是怎样的,可以单独拍一个产品正面的视频,或在视频中插入一张产品的图片。

11.3.3 运用镜头语言

开场和场景问题解决了,接下来就是镜头的变化。当我们录制一个视频时,如果镜头一成不变,就会让人觉得这个视频很枯燥,所以我们要运用一些镜头语言,让整个视频的画面更加丰富,更加有层次。

常用的镜头语言一般有以下几种。

1. 远景

远景主要是用于交代整体的环境。它主要是拍摄广阔的空间环境,比如像自然景色和群众活动的镜头场面,包括地理位置等。它的视觉就好像一个人站在山上向远处眺望,比如李子柒的视频很多时候开场会运用一些远景交代远处的山、云、天空之类的情景。这种镜头适合做户外美食、户外运动之类的博主使用。

2. 全景

全景主要是用于表现场景的全貌和人物的全身动作。全景拍摄的是人的全身,用于展示人的体型、穿着打扮之类,或者产品以及相关事物所处的整体环境,比如房间内的一些家具摆放、家庭成员就餐的场景等能够让人知道大家在干什么、博主在做什么。

3. 中景

中景主要是指人物膝盖以上的画面布局,称为中景画面。一般情况下,一些边走边拍的博主或者一些喜剧类、美食类的博主喜欢用这一类的场景。

4. 近景

近景也是很多美妆类博主最喜欢用的,他们基本上都是自己对着镜头去录制,把上半身囊括到镜头中。这种镜头的好处在于可以拉近人与人之间的距离，有助于消除博主与观众间的隔阂。

5. 特写及大特写

特写和大特写的区别就是对于细节的突出程度，小红书博主用到特写也是比较多的，比如展示一款产品的质地、性状以及使用后的效果之类的，就会把镜头推得很近，让观众能够看清楚产品的细节。一些服装、美食类的博主，也喜欢用一些特写展示某一款产品的做工、裙边，或美食的色香味等。

我们在制作视频时，会穿插使用不同的场景，比如开场，我们可以用一个远景，然后再切到室内，运用一些中景和近景，展示产品的时候再用特写，这样会使画面非常丰富。

现在一些室内博主，即使是坐着录制视频，也经常会把画面在近景和比近景更近一些的镜头之间来回切换，目的就是使视频更加活泼。

如果条件允许，当我们在固定的位置上时，可以通过不同的机位，比如在正前方、侧方，甚至后方都可以摆上机位，这样能够让画面多角度地呈现。

如果有人能够帮助你录视频，那么就可以让其运用不同的镜头，比如推镜头、拉镜头、摇镜头，以及移动镜头来呈现画面。像抖音上很火的张同学，他的视频剪辑节奏很快，衔接很流畅。曾有人分析其一个 7 分钟左右的视频，运用镜头达 290 多次，里面就是交叉使用全景、特写等不同的镜头。作为一般的博主，大可不必用这么多镜头，运用一些就可以增强视频的视觉吸引力。

11.3.4 道具

道具也是视频拍摄中非常重要的组成部分，很多时候我们单独展示产品时会没那么美观，甚至枯燥，但我们可以通过一些道具装饰，让整个画面更有质感。比如拍摄一款化妆品时，如果单独摆一个瓶子，会显得有些干巴巴，如果加上一些花朵或者一些小装饰，就会让整个画面显得更加丰富。所以我们录制视频时，要尽可能地运用这些小道具。

11.4 怎样撰写视频脚本

对于写脚本，有些人可能会觉得太过复杂，认为自己只是一个普通的博主，录视频时不需要这么复杂的东西，那么就可以只写文字脚本，其实就相当于台词，将一部手机固定在那里，自己去演绎即可。

如果你懂得写脚本，或者会写故事，这对于你拍视频会有很大的帮助。接下来我们就将同一个视频脚本分成普通的文字脚本（台词）和有些专业性的分镜头脚本，来让大家感受一下。

文字脚本其实就相当于故事或者作文，没什么难度，大家肯定都懂。下面给大家讲一个示例以供参考。

火车站广场

人物：小吴、小文、卖手机男

- 小吴和小文拉着两个箱子从人群中走出来，穿着朴素，但是清秀的小文有点怯生生地紧跟着小吴。
- 这时一个披着大衣的男子，口中嚼着槟榔，盯着人群中来来往往的人，突然走到小吴和小文面前，拦住他们的去路。
- 小吴和小文大吃一惊，停了下来，小文怯怯地躲在小吴后面，小吴有点不知所措地看着面前的男人。
- 披着大衣的男人突然双手撩开大衣，大衣里面挂着几部手机，问：手机，要不要？都是苹果，便宜。
- 看到是卖手机的，小吴突然有了底气，从裤子口袋里掏出崭新的苹果13，在披着大衣的男人面前晃了晃，说：有了，让让！

上面是文字脚本，大家基本按上面的方式去写即可，如果是写具体的分镜头脚本，将是下面这样的场景，如表11.1所示。

表 11.1 分镜头脚本示例

镜号	景别	镜头	时长（秒）	画面	台词	音乐	道具
1	全景	俯拍	3	小吴和小文拉着两个箱子从人群中走出来			2个箱子
2	中景	平拍+跟拍	2	小文怯生生地跟在小吴后面			
3	中景	平拍	4	披着大衣的男子，口中嚼着槟榔，盯着来往的人群			
4	远景	俯拍	1	男子突然走到小吴和小文面前			
5	近景	平拍	1	小吴和小文大吃一惊			
6	近景	平拍	1	男人双手撩开大衣	手机，要不要？都是苹果，便宜		手机
7	特写	平拍	1	小吴放松的表情			
8	近景	俯拍+追拍	2	小吴从口袋里掏出苹果13			手机
9	近景		1	小吴将手机在男子面前晃了晃			手机

续表

镜号	景别	镜头	时长（秒）	画面	台词	音乐	道具
10	特写		1	小吴晃动的手机	有了，让让		手机
11	特写		1	男子尴尬的表情			
12	中景	跟拍	2	小吴拉着身后的小文撞开男子			
13	特写		1	男子错愕的表情			

如果你的创作内容，有多个角色或有多个故事情节，想拍得更专业一些，就可以研究一下分镜头脚本，如果只是比较简单地拍摄产品或段子，写文字脚本就可以，并不需要写很专业的分镜头脚本。其实分镜头脚本也不复杂，只要多写几次，然后在拍摄中多多实践，就很好拿捏。

11.5 视频封面制作及创作要点

和图文笔记一样，视频笔记的封面，如果做得好，也会容易吸引大家去点击，视频就像一个人的脸面，大家都喜欢点击颜值高的视频，所以视频封面非常重要。那么怎样制作优质的视频封面呢？下面跟大家分享一下。

11.5.1 使用封面模板

在小红书 App 中，有自定义的封面模板，当我们上传视频之后，在发布之前，小红书会有一个封面的提示，点击进去就可以看到很多官方的封面模板，种类非常丰富，可以任意选择，而且模板上还有很多自定义的文字和贴纸供选择，有助于你轻轻松松制作出很多精美的封面。图 11.2 所示为小红书平台自带的视频剪辑功能。

11.5.2 截取视频精彩画面

截取视频精彩画面，是很多博主喜欢使用的一种方法，因为系统一般默认的封面是视频的第一帧画面，但第一帧画面并不一定能够完美地展现我们想要呈现的东西，那我们就可以从视频中选取一个具有代表性的画面作为封面，然后添加一些花字或者贴纸表情进行处理，使其成为很有吸引力的画面。

比如当我们发布一则旅行类视频时，可以截取视频当中最美的一个风景画面作为视频封面。

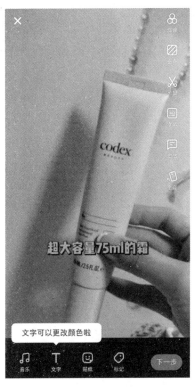

图 11.2 小红书平台自带的视频剪辑功能

如果你是做口红视频教程，可以将使用口红后的效果，也就是烈焰红唇的效果当作封面，这样也很有震撼力，同时搭配很有吸引力的文字来突出视频，如图 11.3 所示。

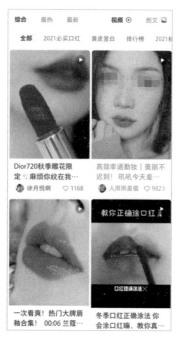

图 11.3 小红书口红相关视频的前四名中出现三个烈焰红唇

11.5.3 自制封面

自制封面有一定的难度，主要是通过软件进行处理，比如用 PS 把视频中的人物或者产品抠出来，然后配上一定的文字，再通过设计软件进行处理。这种封面的好处在于可以随心所欲地打造个性化效果，但对于设计水平有一定的要求。所以可以根据实际情况操作，如果你有这方面的能力或技术，可以用自制的形式；如果你的技术不太好，建议还是用官方的模板。

不管是用模板，还是自制封面，在实际操作中，有几点都是要注意的。

第一，画质一定要清楚，而且内容的主体要明确，千万不要用一些画质模糊、分辨率低的图。一定要让大家一看到封面的内容，就知道这个视频想要表达什么，而不是看了之后不知所云。

第二，封面一定要画面简洁，不要过于杂乱。简洁的画面在添加文字或者贴纸时非常容易处理，如果是一个背景杂乱、构图不够美观的封面，给人的体验感就会很差。

第三，画面一定要明亮和谐，千万不要用一些画质极差，而且又很昏暗的图片当作封面，那样会给人带来很不愉悦的体验。

第四，标题一定要简洁，能够完整地表达视频的内容。文字可以进一步加深别人对这个视频的印象，所以一定要让大家看了文字之后就知道视频的内容。

第五，尽量采用鲜艳的背景或者文字，这样视觉上会更加吸引人。背景鲜艳或者文字鲜艳，能够使文字和背景有所区分，而且能够很好地突出文字内容。如果文字的颜色和背景的颜色过于接近，或者反差不是很明显，就容易看不清楚，或者给别人的感觉很不好。

而且文字的大小一定要有主次，比如重要的文字可以用大一些的字号，次要的文字可以用稍微小一些的字号，这样就会主次分明，而不是全部都是一个主题、一个色块，更不要把视频的核心人物或者产品遮挡住，那样会让人感觉整个封面很粗糙。如图11.4所示，博主就对文字使用了不同的颜色，给人以很直观的感觉。

第六，封面比例。我们在制作封面的时候，尽量使用竖屏 3:4 的比例，因为这样的比例是小红书推荐的视频比例，如果比例不协调，会导致一些画面被系统自动排除，

图 11.4 自制封面——用不同颜色的文字处理封面，给人以良好的观看体验

严重的还会导致一些文字被切掉。

其实关于如何制作视频封面，大家也可以在抖音或者小红书上搜索相关的内容，这样会更直观，从而更好地理解内容。

11.6 视频配文要点解析

11.6.1 内容

视频配文的文字不需要太多，一般几十个字就足够，多的也尽量不要超过一百字，除非视频内容真的有一些重点需要用长的文字表达出来，否则能用几十个字解决的就用几十个字解决，但在这几十个字中，一定要带有关键词，这样有利于大家搜索。比如是服装穿搭内容的，一定要带有与服装穿搭相关的字眼。

11.6.2 话题

和图文类的笔记一样，视频不仅要配文，话题也很重要，带上热门话题可以帮助视频获得更多的浏览量。

以上两点是大家在发布视频笔记时一定要注意的，并不是我们上传了视频后，再写一句标题就可以，毕竟很多用户都是通过搜索来看笔记的，如果你没有对应的关键词或标签，用户就无法搜到你的笔记，系统也将无法通过话题标签把你的视频推荐给相应的人群。

第 12 章
创作者必知的小红书创作细则

作为小红书创作者，一定要对小红书平台的规则深入了解。这一章我们就来给大家讲述小红书的创作规则，让大家能够更好地了解平台、了解用户。

12.1 社区发文基本规范

小红书作为一个公开的商业性平台，其对于内容有着严格的要求，像违反国家法律法规、不利于未成年人的内容都不允许发布。下面就介绍一下小红书社区的基本发文规范。

1. 价值观

前面我们也提到，用户发布内容时，一定要符合当代社会的价值观，任何违反价值观的内容都是不受欢迎的，比如一些反动内容、迷信内容、伤风败俗的内容、哗众取宠的内容，而要发有利于社会进步、积极向上的正能量内容。

2. 法律法规

小红书对于社区内违反法律法规、危害国家及社会安全的行为，管控极其严格。这里面涉及的内容比较广，首先，像危害国家安全、破坏民族团结、宣传恐怖主义以及低俗的内容是不被允许的；其次，对未成年人不利的内容也是不被允许的；最后，色情内容以及传销、假货、赌博等内容都是不被允许的。关于这一点，大家只要记住，凡是不良内容不发即可。关于完整详细的小红书发文规范，在小红书官方后台也有，大家可以从电脑或手机 App 端查看，如图 12.1 所示。

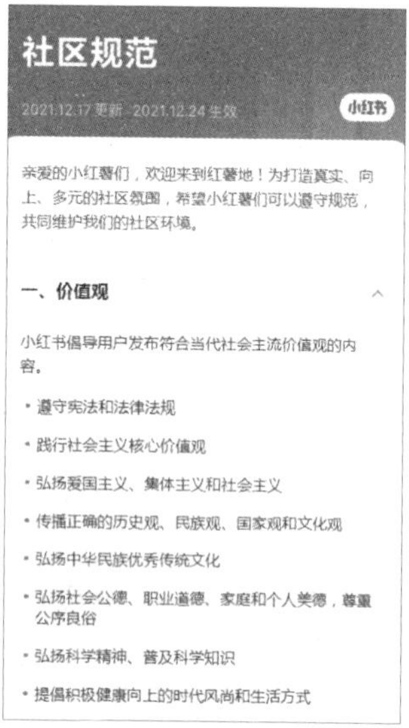
社区规范

2021.12.17 更新 2021.12.24 生效 小红书

亲爱的小红薯们，欢迎来到红薯地！为打造真实、向上、多元的社区氛围，希望小红薯们可以遵守规范，共同维护我们的社区环境。

一、价值观

小红书倡导用户发布符合当代社会主流价值观的内容。

- 遵守宪法和法律法规
- 践行社会主义核心价值观
- 弘扬爱国主义、集体主义和社会主义
- 传播正确的历史观、民族观、国家观和文化观
- 弘扬中华民族优秀传统文化
- 弘扬社会公德、职业道德、家庭和个人美德，尊重公序良俗
- 弘扬科学精神、普及科学知识
- 提倡积极健康向上的时代风尚和生活方式

图 12.1 小红书社区规范截图示例（电脑版）

12.2 交易及引流行为

交易引流相信也是很多创作者所关注的，前面有提到过，这里仅做简单概括。

小红书禁止售卖高风险类产品，并且不鼓励发布营销或引流的信息，如医美、医疗器材类等高风险的内容，或如拼单、代购、二手出售等销售性质明显的内容。

对于发布交易和引流信息的行为，小红书也不鼓励。比如有些人喜欢将个人联系方式呈现在主页资料中，一旦被平台发现，就会受到处罚，更不能带有像淘宝、天猫、京东、闲鱼等第三方平台的字眼及相关链接。甚至一些明显带有销售字眼的文字也不被允许发布，如转手、清货、秒杀等。

12.3 其他不当行为

对于其他不当行为，小红书也有明确的规定，这些在小红书后台均可查看，这里我们只做简单概括。

小红书对于人身攻击、骚扰、不文明行为、血腥暴力、恐怖色情等不符合大众审美的内容是禁止的；对于侵犯他人姓名权、肖像权、名誉权、隐私权的行为也予以打击；对于侵犯他人知识产权的行为也明令禁止；同时对于欺骗、造谣、作弊等行为也予以严惩。

关于作弊行为，这里要多说一下，这与很多创作者的利益相关。小红书所说的作弊行为，主要是指虚假流量、多账号运营、批量发文、机器发文、虚假刷粉、刷赞、刷评论、刷直播间人气等，一旦发现，将严厉打击。

对于违规及不当行为，小红书的处理也是多方位的，如数据作弊的，将予以扣除作弊数据，并且限制展示范围或将笔记封禁，严重的将依法追究法律责任，且作弊账号将无法再次申请为创作者。

12.4 创作者必须关注的 7 个小红书账号

作为小红书的玩家，还需要多关注官方的一些规则，或官方发起的一些活动，这样就能够少走很多弯路，也可以从中学习到很多权威的知识。在小红书平台上，以下 7 个账号是大家必须关注的，它们可以让大家在创作的过程中事半功倍，如图 12.2 所示。

1. 薯管家

薯管家是很多人关注的账号之一，是整个平台的规则管家，每当小红书平台有一些新的规则，这里都会第一时间发布。这个账号上发布了很

图 12.2 小红书创作者必须关注的 7 个账号

多关于违规、作弊、禁用词的内容，如果你想做好小红书，一定要关注它，可以让你少走很多弯路。

2. 薯队长

薯队长就是一个大总管，上面什么信息都会发布，不管是小红书官方的活动，还是小红书的使用技巧，抑或爆文的推荐，在这里都可以看到相关的内容，如果你在小红书的创作过程中有一些疑问，可以@薯队长，它会帮你解决。

3. 创作者小助手

创作者小助手是小红书为创作者搭建的一个账号，里面有非常丰富的内容及课程，比如你想学习直播，就可以看到很多直播相关的课程。还有很多关于创作方面的知识分享，如涨粉、内容定位、视频剪辑、打造爆款等优质内容，可以帮助你快速成长为一个优质的创作者。

4. 小红书成长助手

如果你是一个新人，可以关注一下这个账号，它会不定期地发布小红书的新功能，让你第一时间了解它们，也会教你一些创作的技巧。

5. 带货薯

带货薯主要是针对直播带货而打造的一个账号，主要介绍小红书平台直播带货的规则和技巧，帮你快速提升自己，成为带货达人。在这里你可以学习到直播选品、直播预告、直播规范以及数据复盘等一系列与直播带货相关的知识。

不管是小红书企业号运营者，还是带货达人，都可以关注此账号。

6. 直播薯

直播薯是小红书直播的官方账号，在这里你可以看到最新的官方直播计划和活动，同时也有很多丰富的直播课程可供学习，比如如何拍图、如何写文、如何打造优质笔记等。可以说有任何关于小红书的问题，在这里基本上都能得到答案。如果你是一个创作者，还可以在这里学到各种变现的知识。

7. 企业号助手

企业号助手是很多小红书运营者必须关注的账号之一。在这里你可以获得最新与企业号运营相关的资讯，不管是企业号的打造、店铺的捆绑，还是一些具体功能的使用，都可以看到。有时还有一些经典案例的分享，比如"谁又爆单了？"所有小红书企业号运营者都可以关注它。

12.5 小红书怎样引流和留联系方式

很多小红书创作者都会遇到一个困扰，一方面想让商家找到自己，另一方面想让读者添加自己，但小红书平台对留联系方式有着很严苛的要求，很多都不让带联系方式。那我们该怎么办呢？

有人说小红书有私信功能，可以通过私信沟通。但实际上，我们在前面已经提到，小红书的私信功能每天只能和5个未关注自己的人发消息、息，且只能给每个人发送3条消息，毕竟很多人并不是时时开着小红书，更何况日常的沟通工具还是以微信居多。那如何将品牌方或是读者引流到我们的微信上，使其成为我们的私域流量呢？下面根据网上流行的一些方式，跟大家交流一下。

小红书账号有一段关于个人介绍的描述，在这里最常见的就是留个人邮箱，很多是留 QQ 邮箱，QQ 邮箱是小红书联系方式中比较保险的联系方式，而且 QQ 号与微信号一般都是绑定在一起的，但凡聪明一些的人都会通过 QQ 邮箱号加到微信，所以最好把微信设置成通过 QQ 邮箱号可以找到。

也有一些人在上面直接留下个人微信号，如果非要留的话，切记千万不能出现微信二字，连 VX 这样的简写也不能出现。所以有不少人就直接在微信号前面打上"咨询"二字，以此来规避平台的审查。有的则在微信前面加上"个人号"。还有一些公众号会把名称打出来，在前面加上"公棕号",这样有兴趣的人自然会去搜索,通过公众号上的联系方式找到个人。

我见过一种方式,算是一种取巧的方式,就是利用收藏功能,分别发布两篇笔记图片,然后在个人简介里提示大家看收藏,这两篇收藏的图片组合在一起,就是一个暗藏的微信联系方式,如图12.3所示。

小红书虽然不允许留联系方式,但还是有很多人通过各种各样的方式联系上了,只要不涉及太过分的引流,平台一般也不会给予处罚,但如果平台提示让你修改,就一定要及时更改。

如果你是开店的,想把客户引流到你的店铺中来,则可以在文章中加入自己的店铺名称,但是前面不可以出现"淘宝、京东、拼多多"等其他平台的字眼。比如你的店铺名称叫"阿里郎",只要你在文末写上"如果问我哪里买,一切尽在阿里郎",大家基本上都知道你的店铺在淘宝上搜索"阿里郎"三个字就能找到。

有些人为了让大家看得更加直接,会在店铺名称前面加上一个桃子的表情,以此来告诉大家这是一个淘宝店铺。

图12.3 通过收藏两篇笔记,形成一个完整的微信号

12.6 小红书如何变现及报价

12.6.1 关于小红书变现

很多人玩小红书的初衷是因为兴趣和爱好,但时间久了,随着粉丝量越来越大,变现就渐渐成为可能。

小红书怎样变现呢?相信这是很多小红书创作者关注的问题。毕竟,让自己的兴趣为自己带来一些额外的收入,也是一件很幸福的事情。

1. 接品牌广告

小红书接品牌广告是最常见的变现方式,如果你的账号粉丝数量超过 5000,保持日常更新,并且没有明显违规现象,就可以申请官方的合作,通过官方渠道——小红书蒲公英平台来进行接单。品牌方会根据自己的需要来选择合作与否,只要报价合理,数据不错,一般都可以得到品牌方的青睐。

因为官方合作平台的价格比较高,很多品牌方也希望私下和博主沟通,这时创作者就可以根据自己的实际心理价位,以及品牌方产品的实际情况来进行报价,后面我们会进行具体介绍。

2. 引流至私域流量

如果你的笔记有很多人看,而且粉丝也比较喜欢你,那就可以尝试将粉丝引入自己的微信群或 QQ 群,以此建立自己的私域流量。你可以将合作品牌的产品推送到群中,由品牌方发货,这也是一种变现的方式。如果你有店铺,也可以在笔记中加入店铺的名称,将用户引流到自己的淘宝店铺中实现成交。

3. 开通店铺

2021 年年底,小红书开通了"回家开店计划",支持小红书博主开通个人店铺,最快一天即可开通,并且没有粉丝也可以开通,免保证金,只要在营业额达到 1 万元后再交,以此来让用户实现边逛边买的愿望,从而提升小红书的商业化竞争力。有兴趣的朋友，也可以尝试通过开店的方式变现。

以上三种方式是小红书平台比较可行的变现方式，也是比较稳妥的变现方式。虽然还有一些变现方式，但是风险太大，也容易触犯平台规则，希望大家不要采用，在这里不做赘述。

12.6.2 关于小红书如何报价

很多人玩过小红书账号之后，面对寻求合作的品牌方，不知道该如何报价。正常情况下，如果你的账号活跃度不错、数据不错，就可以按以下公式报价：

报价 = 粉丝数 ÷ 10（或 20）

例如，你的粉丝数是10000，除以10或20的话，你的报价区间就是500 ~ 1000元。

而且在形式上，小红书笔记一般分为图文笔记、视频笔记，同时也会分为合集和单推，这些价格都是不一样的。正常情况下，视频笔记是图文笔记价格的2倍，单推是合集价格的2倍。

在小红书的官方合作平台——蒲公英上，博主可以在每月的1 ~ 25日设置下个月的报价，平台将以截至25日的报价为最终的下个月报价。所以在官方平台上，价格的设置要考虑整体的因素。

如果私下有找你合作的品牌方，那么你给予的报价可以是官方报价的1/3，当然最终的一切可以根据品牌方对于笔记的要求难度来决定，这种可以灵活操作，但整体报价思路不变。

12.7 怎样和粉丝互动

当小红书玩到一定程度，就会有粉丝关注，而当有了粉丝之后，和粉丝互动，增加粉丝黏性就是我们需要做的工作。

那么怎样和粉丝互动也是创作者玩小红书的一个小技巧。

12.7.1 多互动

相信这个很好理解，一旦有人在评论区留言，我们就可以尽早回复，以增强粉丝的归属感与尊重感，让他们觉得你很尊重他们，从而在心理上就愿意和你多交流、多沟通。

而且在评论中回复用户还有一个好处，就是可以提高笔记的热度，因为根据小红书平台机制的算法，评论数也在很大程度上影响着你的笔记热度，如果评论多，平台的推送就会更多，说明你的笔记表现很优秀，接下来就会进一步被推送到更大的流量池。

因此，一旦有人在评论区留言，一定要及时回复并与之互动。

12.7.2 增加互动式语言

发布笔记时，我们可以在文末加入一些能够让粉丝愿意留言的内容。比如：

你还想知道哪些护肤知识，欢迎评论区留言；

你用过哪些比较好的面膜呢？欢迎评论区留言。

还有一些博主喜欢在结尾让大家投票，比如：

TFBOYS组合中，你最喜欢哪一位呢？

（1）王俊凯；

（2）易烊千玺；

（3）王源；

请将你喜欢的明星用数字或汉字打出来。

这种主动让用户留言的方式，也能吸引大家互动与评论。

12.7.3 加入抽奖福利

这种是在发布笔记或发完笔记后,在评论区自己发布一段内容,要求大家参与评论,然后从评论区抽奖。比如:

今天这条笔记,大家可以畅所欲言,三天后谁发得最好,我将送出五份惊喜哦!

这种形式也有利于大家积极主动地参与互动,但在用词上最好不要带"抽奖"二字,以免被平台判定为诱导用户的行为。

这与很多直播间类似,为了留住粉丝,增强粉丝黏性,每隔一段时间就会发放一次福袋,或抽一次奖。

第 13 章
小红书品牌案例拆解

如果你是小红书的运营人员，或有意愿成为一个新媒体运营者，那么本章的内容可以细看。本章将用一些具体的案例来分析小红书种草，同时也将一些避坑指南呈现给大家，希望运营人员少掉坑。

13.1 小红书案例剖析

任何品牌，投放小红书都要讲究策略，很多详细的方法我们前面已经讲过，那么这里我们就分析几个案例。根据婵妈妈后台的数据，我们来解析几个品牌，有些品牌因为隐私原因，我们对其使用化名。

13.1.1 案例 1：丽普××

丽普×× 是一个化妆品品牌，过去以冻干粉为主推品类，2021 年 8 月主推安肌水乳组合。如图 13.1 所示，该品牌过去总共合作的种草博主数为 7601 名，总笔记数为 9675 篇，而在 8 月，该品牌一共投放了 145 篇笔记。其中，商业笔记只有 1 篇，非商业笔记达 144 篇。

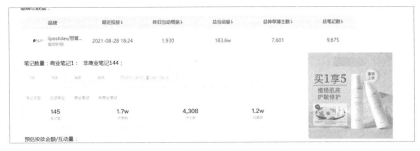

图 13.1 该品牌的 145 篇笔记只有一篇是商业笔记

从图 13.1 中我们可以看出，因为商业笔记是走小红书官方平台，所以价格很贵，很多品牌方都不愿意接受，而是私下里和一些机构或达人直接合作，走不报备笔记合作。

因其之前在小红书上已经有了不少笔记，所以基础做得比较扎实，那么其在策略上选择合作的达人，主要粉丝数量是 1 万至 10 万，集中在中腰部的达人。

丽普 ×× 作为一个美妆类品牌，只选择了 33.24% 的美妆博主，其他像家居、健康、时尚、美食等类型的博主占比达到 66.76%。也许有人会问：一个美妆品牌为什么要选择这么多和美妆不相关的博主合作？

答案就是：为了出圈。

因为美妆类博主的粉丝及受众群体基本上都是美妆类的，而像家居家装、时尚、健康、美食的受众群体基本上也是女性，与这类博主合作，很容易让品牌出圈，覆盖更多的小红书用户，而且我相信在占比 30.85% 的其他博主中，投放的一定也都是以女性受众群体为主的账号，这样品牌对于用户的覆盖会更加全面，如图 13.2 所示。

那么它们收获了什么样的结果呢？

日均销售：120+ 件

客单价：217 元

日均销售额：2.5 万 ~ 3 万元

如果从上面的数据呈现来看，该品牌的投放算是比较成功的，毕竟这只是一组产品的投入产出，很多消费者并不只是购买这一种，也可能会连带购买其他产品，而且小红书的长尾效应也可以持续给品牌带来流量。

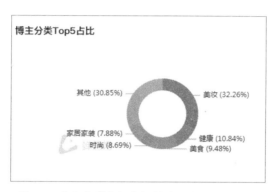

图 13.2 美妆类博主仅占据整体投放的三分之一

13.1.2 案例 2：进口护肤品牌 RNX

RNX 是一个中韩联合创立的功能型护肤品牌，也算是近几年新起的一个新锐品牌，该品牌在 2021 年 8 月主推一款去黑头贴，在一个月内，RNX 的笔记发布数量为 1225 篇，其中商业报备笔记为 7 篇、非商业报备笔记为 1218 篇。由此可见，出于成本的考虑，它们发布的商业报备的笔记数量只占很小的比例。而其总投入的费用仅为 1.8 万元。也就是说，高质量的达人占比很少，主要是素人笔记的费用。有些人可能会有疑问，就算是再便宜，这 1.8 万元也不可能种出 1000 多篇草啊。其实这里面可能有一个很大的因素，就是它们用了大量的置换，将产品免费寄送给博主，由这些博主免费写文，所以这种方法对于一些产品价值不是特别高的品牌非常适用。

而且 RNX 主要选择了粉丝数量在 1 万以下的博主，基本上就相当于素人，少部分则是 1 万至 10 万的达人。

RNX 作为一个美妆类品牌，只选择了 32.17% 的美妆博主，其他像健康、时尚、美食、出行等类型的博主占比达到 67.83%。这样操作的目的就是出圈，如图 13.3 所示。

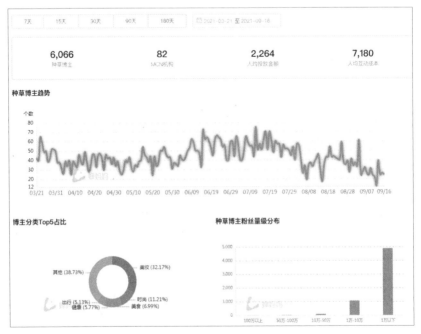

图 13.3 RNX 投放示意图

而该款产品在 8 月份的表现也不错，具体数据如下：

8 月主推：RNX 去黑头贴

日均销售：4354 件

日均销售额：9 万元

客单价：79 元

从上面两个投放案例可以看出，这两个品牌在小红书的投放数量都比较多，但金额一般，即没有很夸张地全部用钱去砸，这说明它们并没有盲目地投放，而是根据实际情况进行了操作。而在账号的选择上，美妆类的账号只占了 1/3，其他都是与女性相关的账号，目的也是出圈。

所以大家在投放时不一定要死守着自己所在领域的账号，出圈也是很好的选择。而从 RNX 的投放来看，素人和底层达人的投放占了很高的比重。由此可见，投放素人也有不错的效果，大家可以根据自身情况进行选择。

还是那句话，如果想把基础打牢，素人是必不可少的选择。而且从这两个品牌我们也可以发现，只有当笔记发布到一定的数量，才会发酵，才会产生流量，才会转化为业绩，只靠几百篇的笔记就想收割用户，这是不现实的事情，凡事必定有量变才能形成质变。

13.2 小红书投放避坑实操指南

这本书是写给中小商家看的，土豪可以忽略，中小商家有产品但钱不多，总想把钱花在刀刃上，以至于一直在极力避坑，所以这部分人群可以细看。

直播在近两年逐渐规范化，但很多商家依然是叫苦连天，说投了也是亏，不投又感觉跟不上时代，在投与不投之间，是商家与 MCN 机构的博弈。其实对于直播，我个人的看法是，如果你是知名品牌，在乎品宣，就可以试试；如果你是中小卖家，品牌知名度不够，我劝你要谨慎；如果你只是单纯和第三方直播机构合作，就我接触过的很多品牌而言，基本上都是投得越多，亏得越多，赚不了人气，却赚了一肚子气。现在的直播已经向店播的方向发展，大主播只能当作品宣使用，指望他们回本是比较难的。

如果是中小品牌，做直播很容易陷入价格战的圈子里，一旦到了这个层面，就很难打造品牌，还会把自己玩成一个单纯卖货的。最好的方式就是把内容种草融入其中，一手抓内容，一手抓直播，双线共通。

那对于一些想投小红书的中小品牌商家来说，小红书怎么投呢？怎么挑达人呢？会不会也有很多坑呢？

坑一定会有。举个例子，有一些博主虽然粉丝量不错，互动也有，但点击评论，全是其他博主给他点赞和评论的，这是什么原因？因为他们有一个微信群或 QQ 群，只要把自己刚发的笔记发到群里，就会让其他人点赞评论。这其实就是博主间的互评，这样的号多少有一些水。

接下来给大家介绍小红书的投放避坑及操作指南。

首先你最好有一个商家的小红书账号或蒲公英平台，如果没有，找朋友借一个也可以，用电脑登录，就会出现小红书商家的投放页面。下面我们就以小红书商家平台为例进行说明，蒲公英平台的操作思路与此类似，如图 13.4 所示。

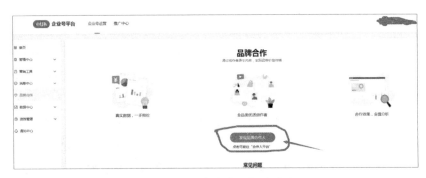

图 13.4 小红书商家版投放页面

图 13.4 是登录之后的后台，点击进去就可以看到各种达人，你可以选择自己想要投放的博主。

这时关键问题来了：这么多博主，到底该怎么选？虽然前面我们也提到过怎样选号，但这里再加入一些细节。

13.2.1 优先选择支持好物推荐的博主

如图 13.5 所示，有小红点图标的博主代表支持好物推荐，通过选品中心带货,并按照销售额计算佣金,用户可以在她的笔记中看到产品,点击即可直接购买。

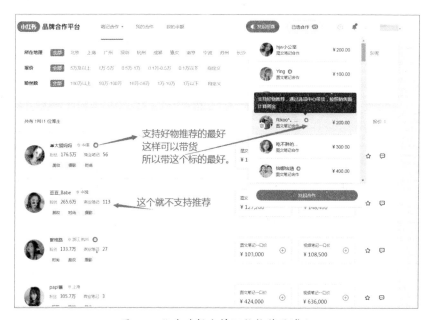

图 13.5 优先选择支持好物推荐的博主

13.2.2 一定要看数据

当你看中了一个博主之后,点击他的头像,就可以看到详细的数据。有一些博主,拥有 6000 多粉丝,阅读量却只有一两百,而投放费用是 200 块钱,对此不做评论,觉得值就投,觉得不值就不投。

如图 13.6 所示,一万多的粉丝量,报价 300 块钱,在其合作过的笔记中,其中一个是 3125 的阅读量,剩下的就是 1000 多的阅读量,还有 2 个 500 左右的阅读量,至于点赞和评论就少得可怜了,平均点赞数才 15 个,平均评论数是 6 个。

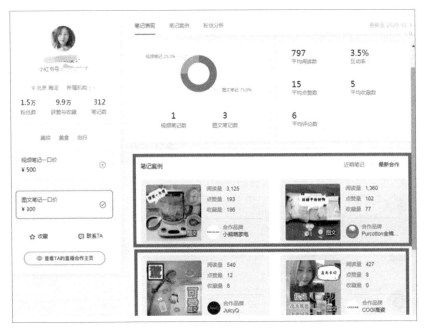

图 13.6 通过博主账号查看其数据

还有一些大坑是这样的：当你进入一个博主的小红书账号中，点击他的一篇笔记，会发现有评论，也有互动，但是这些评论、互动很有意思，全是清一色的表情，或清一色很接近的句子，这种就属于注水评论，投放这种账号一定要谨慎。

相信有人也遇到过这种坑：有一些粉丝 10 万以上的博主，当你与其合作后，发布了笔记，过一段时间会发现笔记没了，然后去其主页查看，发现主页的名字、头像以及发布的笔记也都换了样。这种情况在小红书平台上也不少，这是怎么回事？其实是小红书的运营者把账号卖给别人了，如果碰到这种情况，就会比较尴尬。在一些 QQ 群内，就存在一些小红书账号的倒卖行为。当然，官方肯定是严厉打击这种行为的，但私下里有一些博主在运营一段时间后，会觉得思维枯竭、运营乏力，于是就想把账号一卖了之。如果大家碰到这种情况，一定要及时举报。

总的来说，小红书的投放就是，当你选择了账号，一定要仔细评估这个账号的水分，看看是不是刷了粉、赞以及评论，然后再看下数据，如果一个几万粉丝的账号，里面文章的阅读量才几百，那么投这样的号就也没多大意义。

如果碰到注水严重的账号，不如把费用分摊在一些货真价实的素人身上，给他们寄产品，让他们免费发布，或给几十块钱的费用，相信很多素人还是很乐意的。毕竟对于他们来说，变现也是一件幸福的事。

本书主要讲述了企业运营小红书的一些方法和策略。2021年年末和2022年年初，小红书平台先后封禁了包括露得清、多芬、阿道夫等在内的国内外知名品牌，一时之间令人瞠目结舌。从用户的角度来看，小红书此举是为了提升用户体验，毕竟谁也不想看到太多的虚假笔记和垃圾广告。但从商业角度来看，不禁令人反思，为什么这些大品牌不走官方报备，或只报备了一小部分，剩下的全是走野生笔记呢？难道它们也缺钱？

原因还是和利益有关。毕竟小红书的营销费用太高，如果全部走官方平台，暂且不说寄样品的成本，单是合作达人的费用就难以承受。比如我们与一个千粉达人合作，根据小红书的后台，即使普通的万粉也要至少一千块钱左右，那么一千个就至少需要百万元的费用，更何况很多博主的报价不可能这么便宜，而且还不算投放薯条和信息流的费用。所以国际国内知名品牌都有自己的利润考虑，毕竟非官方报备的笔记费用会便宜很多，有的甚至是官方平台价格的十分之一。这就不难理解，很多知名品牌为什么愿意冒这个险了。当国内外知名品牌都这样，那么很多中小品牌，尤其是新创立的品牌，其压力自然可想而知。有些品牌一看到大品牌被封杀的消息，可能内心就会万马奔腾，有种心塞加崩溃的感觉。

就小红书平台自身来说，也面临着商业化的压力，像淘宝的逛逛、拼多多的拼小圈等，包括抖音也都在发力种草，这使得小红书有种被前后夹击的感觉。

所以小红书封杀大品牌，一方面是想让用户知道，平台绝不会放任不管，对再大的品牌也敢下手，以此赢得用户的好感；另一方面是想告诫其他品牌，即使你们没有被封禁，也要小心一点，说不定哪天达摩克利斯之剑就从你的头上掉落下来了。

总之作为品牌方、小红书运营者，如果预算足够，能走官方平台还是要走官方平台，如果没有预算，那就尝试置换等其他方法。之前认识一个品牌方，他想找博主合作，虽然博主报价高，但要求博主私下再返点，这样也可以降低费用。虽然这有投机之嫌，但节省费用也是不得不考虑的事。所以对于平台的做法，有时我们必须用警惕而柔和的眼光看待，小红书平台在做每一件事之前，都是经过深思熟虑多方考虑的，有些话，万语千言，尽在文字之外。祝各位运营者好运，也祝小红书平台在内容社交的路上继续引吭高歌。